DAS DEVILS TOWER NATIONAL MONUMENT IN WYOMING (USA) BESTEHT AUS ERSTARRUNGSGESTEIN, VOR JAHRMILLIONEN ERKALTETEM MAGMA AUS DEM ERDINNERN.

THE WAVE, GELEGEN IN COYOTE BUTTES IN ARIZONA (USA), BESTEHT AUS ZU SANDSTEIN VERSTEINERTEN DÜNEN.

INHALT

VORWORT von National-Geographic-Forscherin Dr. Sarah Stamps 6

KAPITEL 1
Die Erde, ein Wunder aus Stein 8

EINLEITUNG 10
Die Erdschichten................................. 14
Die Erdschichten in Zahlen 16
Die Erde in Bewegung 18
Unter Druck 20
Was ist ein Mineral? 22
Was ist ein Gestein? 23
Der Gesteinskreislauf 26
PROBIER'S AUS! Baue dir einen Vulkan 28

KAPITEL 2
Ein Kaleidoskop aus Kristallen und Mineralien 30

EINLEITUNG 32
Sieben Kristallsysteme 35
Vom Kristall zum Mineral 37
Starke Bausteine 37
Benenne das Mineral 38
Feuerwerk! 39
Alphabetsuppe 46
Klasse Mineralien 48
Faszinierende Fakten über Elemente .. 49
Edelsteine 61
Moderne Geburtssteine 62
PROBIER'S AUS! Kristalllutscher 64

KAPITEL 3
Gestein unter Druck 66

EINLEITUNG 68
Magmatisches Gestein...................... 70
Sedimentgestein.............................. 79
Metamorphe Gesteine................... 86
Außerirdische Gesteine.................... 89
Meteoriten-Stars 90
PROBIER'S AUS! Sedimente
zementieren 92

KAPITEL 4
Gesteine und Mineralien im Alltag 94

EINLEITUNG 96
Kunstvolle Bauten, gebaute Kunst.... 98
Stark und gesund mit Mineralien 101
Werkzeuge und Techniken................102
PROBIER'S AUS! Farben aus Stein..104

GLOSSAR..................................106
WEITERE SPANNENDE BÜCHER 108
REGISTER 109
ABBILDUNGSNACHWEISE................ 111

DR. SARAH STAMPS

DR. STAMPS BEI DER FELDFORSCHUNG IN KENIA

VORWORT

DR. STAMPS STELLT IN UGANDA IHRE FORSCHUNGSGERÄTE AUF.

Meine Zeit verbringe ich vor allem damit, das Gestein der Erde zu untersuchen. Ich bin Geophysikerin am Institut für Geowissenschaften der Virginia-Tech-Universität und untersuche die Erde, indem ich messe und Daten sammle. Mein Spezialgebiet ist die Geodäsie, ein Zweig der Geowissenschaften, der unseren Planeten mithilfe der Mathematik zu verstehen sucht. Meine Aufgabe ist es herauszufinden, wie schnell sich die Erdoberfläche bewegt. Dazu benutze ich das Globale Navigationssatellitensystem (GNSS), das Gesteinsbewegungen millimetergenau erkennt – die Genauigkeit entspricht etwa dem Durchmesser deiner Bleistiftspitze!

Ich untersuche alle Gesteinsarten – magmatisches, metamorphes und sedimentäres Gestein. Das Gestein lässt sich nicht einfach hochheben, weil ich Grundgestein untersuche, das unter lockerem Material wie Kies und Erde liegt. Mit anderen Materialien bildet es die obere Schicht der Erdkruste, in der fast alle Erdbeben stattfinden. Wissen wir, wie sich das Grundgestein bewegt, können wir erkennen, wo Erdbebengefahr besteht.

Wie wurde ich Geophysikerin? Es begann mit dem Interesse an der Umwelt in der dritten Klasse, aus dem auf dem Gymnasium eine Faszination für Archäologie erwuchs. Zur Geophysik kam ich im Sommercamp des Jackling Instituts der Universität von Missouri in Rolla. Das war aufregend! Die Wissenschaftler zeigten uns das Bild einer Verwerfung, eines Spalts unter der Erdoberfläche. Das Bild entstand mithilfe von in die Erde abgestrahlten Schallwellen, die von den Gesteins- und Sedimentschichten der Erdkruste zurückgeworfen wurden. Ich staunte, dass Wissenschaftler mithilfe von Technik ins Erdinnere blicken konnten. Von nun an träumte ich davon, Professorin für Geophysik zu werden. Nach dem Bachelor in Geowissenschaften und der Promotion in Geophysik forschte ich als Postdoktorandin auf den Gebieten der Geodäsie und Geodynamik, und mein Traum wurde Wirklichkeit.

Heute untersuche ich, warum Kontinente zerbrechen, wie die Plattentektonik heutige Erdbeben beeinflusst und welche Faktoren Vulkanausbrüche verursachen. Mein Team an der Virginia Tech arbeitet an diesen Fragen und betreibt in Tansania (Afrika) das Observatorium TZVOLCANO, das die Aktivität des Vulkans Ol Doinyo Lengai mit GNSS-Instrumenten aufzeichnet (auf tzvolcano.chordsrt.com siehst du die Daten in Echtzeit).

Dieses Buch stellt dir die Grundlagen der Geowissenschaft und die Gesteine und Mineralien vor, aus denen unser faszinierender Planet besteht. Ich wünsche dir viel Freude daran!

Dr. Sarah Stamps

DER ROTE SANDSTEIN AM HORSESHOE BEND IM ANTELOPE CANYON IN ARIZONA (USA)

KAPITEL 1
DIE ERDE, EIN WUNDER AUS STEIN

EINLEITUNG

WIE STELLST DU DIR EINEN WISSENSCHAFTLER BEI DER ARBEIT VOR?

Vielleicht denkst du an jemanden in einem Labor, der einen weißen Kittel und eine Sicherheitsbrille trägt und eine qualmende Flüssigkeit in Messbecher füllt.

DR. SARAH STAMPS

Aber viele Wissenschaftler machen ihre Experimente und sammeln ihre Daten außerhalb von Labors. Das nennt man Feldarbeit. Im Grunde bringen sie ihr „Labor" zu ihrem Forschungsobjekt, z. B. einem Vulkan. Das Schöne an der Feldarbeit ist, dass Wissenschaftler niemals wissen, was sie erwartet. Einmal wurden wir auf einer Reise nach Tansania an der Ostküste Afrikas sehr überrascht.

Ich reiste mit einem Team durch das Land. Ringsum befanden sich hohe Gebirge, das Land war weitläufig und friedlich. So schön es war – wir konnten nicht herumstehen und die Aussicht bewundern. In dieser Region hatte vor Kurzem die Erde gebebt und wir hatten zu tun. Unsere Aufgabe war es, drei GPS-Sensoren im Fels zu errichten, um die Erdbewegung zu messen und die Verschiebung der Erdkruste besser zu verstehen. Die GPS-Sensoren empfangen Funksignale vom GNSS. Das Global Positioning-System der USA ist eines von vielen GNSS-Systemen. Die GPS-Stationen unseres Teams empfangen Signale von mindestens vier Satelliten. Diese übermitteln uns unsere exakte Position und den Zeitpunkt, an dem ein Signal gemessen wurde. Wir prüfen die GPS-Signale ständig, um unsere Position und ihre Veränderung im Verlauf der Zeit zu bestimmen.

Doch nicht nur Erdbeben erschüttern diese Region. Viele Berge hier sind Vulkane. Wir wohnten rund 18 km entfernt vom Vulkan Ol Doinyo Lengai, dessen Name in der Sprache der einheimischen Massai „Berg Gottes" bedeutet. Auf dem Weg zu unserer Forschungsstelle brach der Vulkan aus. Es war nur ein kleiner Ausbruch, aber mit einem lauten *Peng!* schossen Asche und Gas in die Luft. Das zu sehen und zu hören war aufregend.

Unser Forschungsstandort befand sich nur 10 km vom Ol Doinyo Lengai weit entfernt. Trotz der großen Nähe zu einem aktiven Vulkan entschieden wir uns, zu bleiben und die Sensoren aufzustellen. Wir konzentrierten uns auf unsere Arbeit, als uns ein weiteres *Peng!* aufschreckte. Unsere Ohren klingelten und Asche rieselte auf der anderen Bergseite herab.

Die Aktivität der Erde bot uns ein unglaubliches Schauspiel. Wir waren alle nervös und etwas verängstigt, ließen uns aber nicht von der Arbeit abhalten.

DIE MASSAI SIND EINWOHNER VON TANSANIA.

OL DOINYO LENGAI HEISST „BERG GOTTES" IN DER SPRACHE DER MASSAI.

ASCHE UND GASE SCHOSSEN AUS DEM VULKAN!

DER OL DOINYO LENGAI BRICHT AUS.

DAS UNIVERSUM BESTAND ZU ANFANG AUS GAS, STAUB UND GESTEIN.

Wissenschaftler erforschen die Geschichte des Universums zum Teil durch das Messen des Alters von Gesteinen und Meteoriten.

Aus den gesammelten Daten schließen die Wissenschaftler fast einhellig, dass eine riesige Explosion, der Urknall, vor 10 bis 20 Milliarden Jahren stattgefunden hat. Sie denken, dass sich die gesamte Materie des Universums in einem Raum befunden hat, der kaum größer war als ein Punkt auf dieser Seite. Nach dem Urknall dehnte sich das Universum rasant aus. Dabei entstand eine Wolke aus Gas und Staub, die sich durch den Raum bewegte. Wissenschaftler nennen diese Wolke Urnebel. Durch die Schwerkraft zog sich dieser Nebel zusammen und begann sich zu drehen. Im Inneren dieses wirbelnden Staubsturms, der die Gase Helium und Wasserstoff enthielt, stiegen Druck und Temperatur und unsere Sonne wurde geboren.

Die Sonnenhitze erzeugte einen starken Wind, der leichte Elemente wie Helium und Wasserstoff, die von der Geburt der Sonne übrig waren, von ihr wegwehte. Sie lagerten sich an Gesteinskernen an und bildeten die Gasplaneten, auch Gasriesen genannt. Du kennst diese Planeten. Von der Sonne aus gesehen sind es Jupiter, Saturn, Uranus und Neptun. Die leichteren Elemente bildeten mit Gesteins- und Metallbrocken Kometen, Asteroiden und Monde.

Die Schwerkraft war so stark, dass auch die schwereren Gesteine und Metalle, die von der Entstehung der Sonne übrig geblieben waren, in ihrer Nähe blieben. Nun verhielten sich die Gesteins- und Metallbrocken wie Autoscooter. Sie umkreisen die Sonne, rasten durch den Weltraum und prallten mit ungeheurer Geschwindigkeit aufeinander. Anders als Autoscooter trafen manche Brocken mit einer derartigen Kraft

EIN NEBEL IN DER TIEFE DES WELTRAUMS

GESCHMOLZENES GESTEIN FLIESST AUF DIE ERDOBERFLÄCHE.

aufeinander, dass sie miteinander verschmolzen. So entstanden die Gesteinsplaneten.

Du kennst das: Wenn du frierst, reibst du dir die Hände und sie werden warm. Das geschieht durch Reibung: Die Kraft der einen Hand, die die andere reibt, erzeugt Wärme. Stell dir vor, wie viel Wärme die Kraft all jener Weltraumbrocken erzeugte, die zusammen-geprallt waren. Die Hitze war so groß, dass das Gestein schmolz, das später Erde genannt wurde. Und wie nennen wir geschmolzenes Gestein? Es heißt Magma, wenn es in der Erde ist, und Lava, wenn es aus einem Vulkan auf die Erdoberfläche fließt. Die junge Erde war eine riesige, ultra-heiße, blubbernde Magmakugel!

Gleichzeitig entstanden in unserem Sonnensystem noch weitere Gesteinsplaneten. Du kennst sie auch: Von der Sonne aus sind es Merkur, Venus und Mars. Die Erde befindet sich zwischen Venus und Mars.

UNSER SONNENSYSTEM BESTAND AM ANFANG AUS GAS, STAUB UND GESTEIN.

Nun wissen wir, wie die Planeten entstanden sind, und wollen einmal auf die Erde vor 4,1 Milliarden Jahren zurückblicken. Die meiste Zeit war sie eine ultraheiße Masse. 500 Millionen Jahre nach ihrer Entstehung wurde sie noch heißer – so heiß, dass sogar Eisen schmolz. Die Schmelztemperatur von Eisen liegt bei 1538 °C. Vergleiche das einmal mit einem 32 °C warmen Sommertag! Von der Schwer-kraft bewegt, sanken die schweren Metalle – Eisen, etwas Nickel und eine kleine Menge andere – in den Erdmittelpunkt. Fast ein Drittel der Masse der jungen Erde rutschte in ihr Zentrum.

Die Schwermetalle schoben die meisten leichteren Elemente wie Sauerstoff und Silicium hinauf in Richtung Erdkruste. Die Reibung die-ser Bewegung erhitzte die Erde noch mehr. Und die Hitze existiert noch heute im Erdinneren. Schauen wir uns die Erdschichten einmal von innen nach außen an.

APFEL ODER ERDE?

SO SELTSAM ES SCHEINEN MAG – wir brauchen nur einen Apfel, um zu sehen, wie die Schichten der Erde aufgebaut sind (auf S. 16 findest du eine Darstellung der Erdschichten). Die Kerne im Mittelpunkt stehen für den festen inneren Erdkern. Dieser ist etwa 1220 km dick. (Nutze deine Vorstellungskraft! Der Apfel hat mehrere Kerne, die Erde aber nur einen.) Das Kerngehäuse kann mit dem flüssigen äußeren Erdkern gleichgesetzt werden, der 2250 km dick ist. Das Fruchtfleisch ist der weichste und größte Teil, ganz ähnlich wie der 2900 km dicke, halbfeste bis feste Mantel der Erde. Und die Schale des Apfels lässt sich mit der dünnen, felsigen, brüchigen Erdkruste gleichsetzen, die an der dicksten Stelle nur 75 km misst.

MANTEL
ÄUSSERER ERDKERN (FLÜSSIG)
INNERER ERDKERN
KRUSTE

MAGNETISCHER MAGNETIT

MAGNETIT IST EIN MINERAL, das man in vielen verschiedenen Gesteinsarten findet. Er ist meist grau oder schwarz und hat eine lustige Eigenschaft. Wie du an seinem Namen erkennst, ist er von Natur aus magnetisch. Magnetit ist eines von nur zwei natürlich magnetischen Mineralien der Erde (das andere ist der nur schwach magnetische Pyrrhotin). Er zieht Objekte aus Eisen an und war der früheste je benutzte natürliche Kompass, weil er sich nach dem Magnetfeld der Erde ausrichtet. Wissenschaftler untersuchen Magnetit, um zu erfahren, wie sich das Magnetfeld der Erde im Laufe der Geschichte verändert hat.

Magnetit zu finden ist nicht schwer. Wenn du jemals schwarzen Sand gesehen hast, hast du Magnetit gesehen. Möchtest du wissen, ob der Sand zwischen deinen Zehen Magnetitpartikel enthält, ziehe einfach einen Magneten über den Strand. Er wird den Magnetit sofort anziehen.

Glaube es oder glaube es nicht – manche Tiere wie Tauben und Wale haben etwas Magnetit im Gehirn, Bienen im Hinterleib. Er ermöglicht den Tieren ähnlich wie ein Kompass, sich anhand des Magnetfelds der Erde zu orientieren. So wissen sie, in welche Richtung sie sich bewegen müssen.

SCHWARZER SAND BESTEHT AUS MAGNETIT. ZIEHE EINMAL EINEN MAGNETEN HINDURCH.

Die Erdschichten

Vor etwa vier Milliarden Jahren verringerte sich die Anzahl der Gesteinsbrocken, die aus dem Weltall auf die Erde prallten. Ohne diese Aufprallkräfte kühlte die Erde allmählich ab. Der Magma-Ozean, der gebrodelt, geblubbert und gespien hatte, erkaltete langsam und bildete die drei großen Schichten der Erde: Kruste, Mantel und Kern.

Die äußerste harte Erdschicht, auf der wir leben, ist die Kruste. Der Mantel bildet die mittlere Schicht. Man unterscheidet den oberen und den unteren Mantel.

Der obere Mantel wird in den festen lithosphärischen Mantel und die verformbare Asthenosphäre unterteilt. Die Platten der Lithosphäre bewegen sich langsam auf der Asthenosphäre und bilden Berge, Täler und Kontinente.

Der Kern, der aus einem flüssigen äußeren und einem festen inneren Kern besteht, ist die dritte Schicht.

Schauen wir uns diese Schichten einmal näher von innen nach außen an.

DER HOBA-METEORIT, DER IN NAMIBIA (AFRIKA) EINSCHLUG, BESTAND AUS EINER MISCHUNG AUS EISEN UND NICKEL, SEHR ÄHNLICH DEM MATERIAL DES ERDKERNS.

Der harte Kern

Der innere Erdkern ist mit Temperaturen von 4000–8000 °C extrem heiß. Er ist heißer als die Oberfläche der Sonne und lässt Eisen und Nickel, die Hauptbestandteile des Kerns, schmelzen. Doch das Gewicht der Erde drückt so stark auf den inneren Erdkern, dass Eisen und Nickel wieder fest werden.

Der innere Erdkern ist vom äußeren Erdkern umgeben, einer flüssigen Mischung, die auch vorwiegend aus Eisen und Nickel besteht. Der flüssige äußere Erdkerns trägt zur Entstehung des Erdmagnetfelds bei. Dieses richtet deine Kompassnadel nach Norden aus. Das Magnetfeld reicht vom äußeren Erdkern bis in den Weltraum und schützt die Erde vor der Schädigung durch den Sonnenwind, indem es ihn ablenkt. Erinnerst du dich an den Sonnenwind? Er hat leichte Stoffe durch das All geblasen und die riesigen Gasplaneten entstehen lassen.

Der dicke Mantel

Der Kern ist vom Mantel umhüllt, der dicksten Schicht der Erde, die 84 Prozent des Volumens unseres Planeten ausmacht. Der Mantel besteht aus Gesteinen, sogenannten Silicaten, wie Olivin und Granat. Wie den Kern unterteilt man auch den Mantel in zwei große Schichten: den oberen und den unteren Mantel.

Der untere Mantel ist fest und 1700–2900 °C Grad heiß. Das ist heiß genug, um Gestein zum Teil zu schmelzen, aber wie im inneren Erdkern ist der Druck so groß, dass das Gestein fest bleibt. Über Millionen von Jahren bewegt es sich sehr langsam, weil das heißere aufsteigt und das kältere absinkt.

In der Übergangszone zwischen dem oberen und dem unteren Mantel wird das Material dichter (kompakt und schwer). Diese Zone hält auch eine Überraschung bereit: Wasser, wenn auch in vollkommen anderer Form, als wir es kennen. Es ist nicht flüssig,

DAS ERDMAGNETFELD LÄSST DEINE KOMPASSNADEL NACH NORDEN ZEIGEN.

„OLIVIN, DER AUCH IM ERDMANTEL VORKOMMT, FÄRBT DIESEN SAND GRÜN!"

GRÜNER SAND AUF DEM SOUTH POINT BEACH IN HAWAII (USA)

15

ERDSCHICHTEN IN ZAHLEN

SCHICHT	TEMPERATUR	TIEFE	KONSISTENZ	ZUSAMMEN-SETZUNG
ERDKRUSTE	0–800 °C	Ozeanische Kruste: 0–10 km Kontinentalkruste: 30–80 km	Fest	Ozeanische Kruste: Gestein aus Plagioklasen und Pyroxenen Kontinentalkruste: Gestein aus Feldspat und auf Quarzbasis
OBERER MANTEL (Asthenosphäre und lithosphärischer Mantel)	800–1500 °C	80–410 km	Fest	Peridotite and Eklogite
ÜBERGANGSZONE	1500–1700 °C	410–660 km	Fest	Peridotite
UNTERER MANTEL	1700–2900 °C	500–2900 km	Fest	Gestein aus Eisen- und Magnesiumsilicat-Mineralien
ÄUSSERER KERN	2900–4000 °C	2900–5150 km	Fest	Eisen, Nickel, Schwefel, Sauerstoff
INNERER KERN	4000–8000 °C	5150–6370 km	Fest	Eisen und Nickel

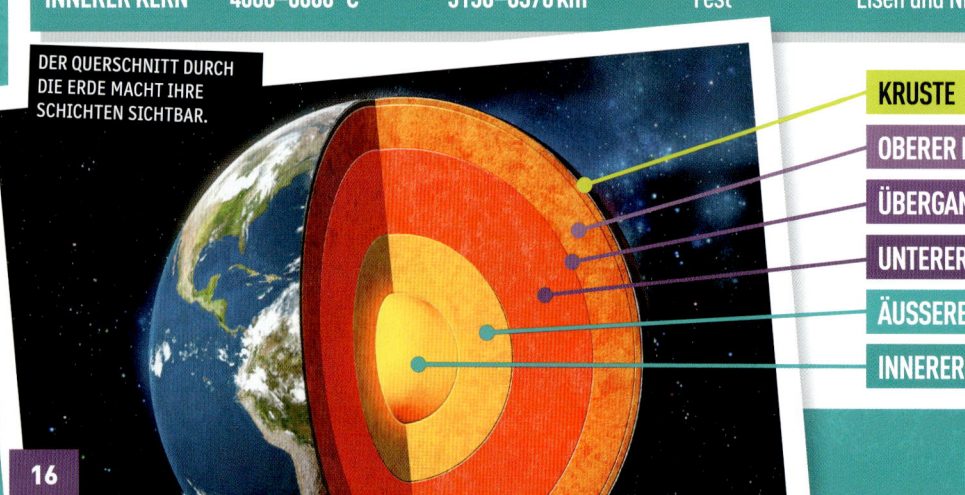

DER QUERSCHNITT DURCH DIE ERDE MACHT IHRE SCHICHTEN SICHTBAR.

- KRUSTE
- OBERER MANTEL
- ÜBERGANGSZONE
- UNTERER MANTEL
- ÄUSSERER KERN
- INNERER KERN

WELLEN SCHLAGEN

WIR WISSEN VIEL ÜBER DIE INNEREN VORGÄNGE DER ERDE, aber nie ist man über die Erdkruste hinaus in die Tiefe gedrungen. Ja, genau. Wir sind bisher nur in das oberste Prozent der Erde vorgedrungen. Woher wissen wir dann so viel über ihre Schichten? Die Antwort lautet: Erdbeben!

Erdbeben können sich bis in 700 km Tiefe ereignen. Sie erzeugen seismische Wellen bzw. Erschütterungen, die von Wissenschaftlern analysiert werden. Seismische Wellen setzen sich vom Ursprung des Erdbebens aus in alle Richtungen durch die ganze Erde fort. Länge und Geschwindigkeit der Wellen verändern sich durch die Materie, die sie durchqueren. P-Wellen sind schnell und durchdringen Gestein und Wasser. Die langsameren S-Wellen wandern nicht durch Wasser. Man untersucht die Geschwindigkeitsunterschiede, um sich ein Bild davon zu machen, was in der Erde vorgeht.

SEISMISCHE WELLEN WERDEN VON EINEM SEISMOGRAFEN AUFGEZEICHNET, DER DIE ERSCHÜTTERUNGEN DURCH EIN ERDBEBEN DARSTELLT.

sondern liegt in Form von in Kristallstrukturen eingelagerten Molekülen vor. Ein Molekül ist der kleinste Teil einer Substanz, der alle Eigenschaften der Substanz aufweist. Gesteinskristalle in der Übergangszone enthalten so viele Wassermoleküle wie die Ozeane der Erde! Über dieser Übergangszone liegt der obere Mantel. Er besteht aus zwei Schichten: der Asthenosphäre und dem lithosphärischen Mantel.

Die Asthenosphäre ist eine relativ schwache Schicht dichten Gesteins. Druck und Hitze in der Asthenosphäre reichen aus, um dieses Gestein teilweise zu schmelzen, sodass es eine Konsistenz wie dicke Erdnussbutter bekommt. Dieses teilweise geschmolzene Gestein bewegt sich und damit auch die über ihm liegende Lithosphäre. Der Druck in der oberen Asthenosphäre ist nicht so stark wie in der unteren, sodass sich kleine Magmataschen bilden können.

Die Lithosphäre schwimmt auf der Asthenosphäre. Sie umfasst den obersten Teil des oberen Mantels – den lithosphärischen Mantel – und die Erdkruste. Der obere Mantel ist eher brüchig als zähflüssig und die Erdkruste besteht aus festem Gestein und Mineralien. Die Lithosphäre ist sehr aktiv. Sie verändert langsam das Angesicht der Erde, formt neue Berge und Meeresbecken, zieht Kontinente auseinander und lässt tiefe, schmale Grabenbrüche entstehen.

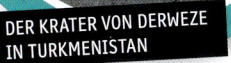

DER KRATER VON DERWEZE IN TURKMENISTAN

Die Erdkruste

Die Reise durch die Erde hat uns von der Kruste unseres Planeten bis in 6370 km Tiefe zu ihrem Kern geführt. Die steinige Kruste ist die Erdschicht, die wir am besten kennen, weil sie sich

DAS PANGÄA-RÄTSEL

UM 1900 fiel einigen Wissenschaftlern auf, dass Fossilien ein und derselben ausgestorbenen Tierart auf verschiedenen Kontinenten gefunden wurden. Das machte sie nachdenklich. Es schien unmöglich, dass diese Tiere riesige Ozeane zwischen den Kontinenten überquert hatten ... doch vielleicht waren die Kontinente vor sehr langer Zeit miteinander verbunden gewesen. Das schien am wahrscheinlichsten, doch damals wusste niemand, wie eine riesige Landmasse in die heutigen Kontinente zerbrechen konnte. In den folgenden Jahrzehnten arbeiteten viele Wissenschaftler an dieser Frage und die Theorie von der Plattentektonik und dem Auseinanderdriften der Kontinente entstand.

Der deutsche Wissenschaftler Alfred Wegener gilt als der Vater der Theorie von der Plattentektonik, der zufolge sich der Superkontinent Pangäa in die heutigen Kontinente aufteilte.

DER SUPERKONTINENT PANGÄA VOR 270 MILLIONEN JAHREN

FÜNF DER SIEBEN KONTINENTE, WIE WIR SIE HEUTE KENNEN

direkt unter unseren Füßen befindet. Doch obwohl die Kruste für uns etwas Alltägliches ist, steckt sie noch voller Überraschungen.

Wenn wir ein Loch in den Sand graben oder einen Baum einpflanzen, ist die Kruste im Verhältnis ziemlich dick. Doch sie ist die dünnste Schicht – sie macht nur ein Prozent der Erde aus. Man unterscheidet die kontinentale und die ozeanische Erdkruste. Die kontinentale enthält Feldspat und andere Silicate, die ozeanische Kruste Plagioklase und Pyroxene. Die Kontinentalkruste, das feste Land unter unseren Füßen, ist älter, dicker und weniger dicht als die ozeanische Kruste, die Grundlage des Meeresbodens.

Die Erde in Bewegung

Du spürst es nicht, aber als Teil der Lithosphäre ist die Erdkruste ständig in Bewegung, meistens sehr langsam. Ein Großteil ihrer Aktivität wird durch das verursacht, was darunter geschieht.

Strömungen in der Lithosphäre sind die Ursache. Diese schieben Platten aus dichter ozeanischer Lithosphäre unter die weniger dichte kontinentale Lithosphäre. Das wird Subduktion genannt. Dieser Vorgang kann Erdbeben verursachen.

Die Strömungen im Mantel entstehen nicht wie Wasserströmungen im Meer durch Winde, Temperaturen und andere Faktoren, sondern werden durch die Wechselwirkung zwischen sich abkühlendem und sich erhitzendem Magma verursacht, was als Konvektion bezeichnet wird. Heißes Magma wird durch diese Strömungen hinauf zur Lithosphäre transportiert, während kühleres, schwereres Material nach unten in Richtung Erdkern fließt. Du kannst sehen, wie dieser Bewegungszyklus in höherem Tempo funktioniert, wenn du Blasen im kochenden Wasser beobachtest.

> DER MOUNT EVEREST IST DER HÖCHSTE BERG DER ERDE, DOCH EINST WAR ER TEIL DES MEERESBODENS!

> AUFEINANDERPRALLENDE TEKTONISCHE PLATTEN SCHOBEN DEN MOUNT EVEREST BIS AUF GEWALTIGE 8848 M HÖHE ÜBER DEM MEER. BERGSTEIGER FANDEN VERSTEINERTE MUSCHELN IM FELS.

Mit der Zeit haben die Strömungen im Mantel und eventuell vor Jahrmilliarden stattgefundene Meteoriteneinschläge die Kruste in rund 15 große Lithosphärenstücke zerbrochen, die wir tektonische Platten nennen. Sieben dieser Platten entsprechen den Kontinenten (und den Meeren), die sie tragen: die afrikanische, antarktische, eurasische, australische, nordamerikanische, pazifische und südamerikanische Platte.

Diese riesigen Platten schwimmen auf dem geschmolzenen Gestein der Asthenosphäre. Aber das funktioniert nicht wie Wellenreiten oder Achterbahn fahren. Die Bewegung ist etwa so langsam, wie dein Haar wächst: 10–15 cm im Jahr. Manchmal wird die Bewegung jedoch schneller und stärker. Dann spürst du tatsächlich, wie die Erde sich bewegt. So kann ein Erdbeben entstehen.

Die auf der Asthenosphäre schwimmenden Platten können aufeinanderprallen oder sich aneinander reiben. Eine Platte, die sich entlang oder unter einer anderen bewegt, kann plötzliche Stöße verursachen, die die Erde im Umkreis von Kilometern erschüttern. Sie können auch dich erbeben lassen. Manchmal prallen Platten mit solch einer Wucht aufeinander, dass sie die Kruste hochschieben und langsam Berge und Täler bilden.

Du kannst die Erde auch bei einer dramatischen Vulkanexplosion mit Feuer, Asche, Gestein und Lava beben spüren. Und wie wirken sich Vulkane auf die Erdkruste aus? Um das herauszufinden, werfen wir einen Blick hinter die Kulissen.

> IM NATIONALPARK THINGVELLIR IN ISLAND TREFFEN DIE EURASISCHE UND DIE NORDAMERIKANISCHE PLATTE AUFEINANDER.

Unter Druck

Denken wir an einen Vulkan, stellen wir uns einen Berg vor, der seinen Gipfel wegsprengt und Lava in alle Richtungen spuckt. Tatsächlich beginnt ein Vulkan als Riss in der Erdkruste, durch den kleine Magmataschen nach außen dringen können. Zugänge zur Erdkruste bestehen bereits zwischen den beweglichen tektonischen Platten, und genau diesen Weg nimmt das Magma, bevor es mit einer Explosion als Lava an die Oberfläche gelangt. Manchmal gibt es eine Explosion und Asche, Steine und Lava fliegen hoch in die Luft. Sie wird durch Hitze und Druck verursacht. Magma ist vor allem geschmolzenes Gestein. Oft enthält das Gemisch auch Gas und Wasser. Die durch Konvektion verursachte Bewegung trägt das glühend heiße Magma aufwärts. Erreicht es die kühle Kruste, dehnen sich Gas und Wasser plötzlich aus und verursachen eine vulkanische Explosion. Diese kann an Land großen Schaden anrichten, sodass Menschen und Tiere sterben, Asche die Luft verschmutzt und Lavaströme Pflanzen verbrennen und ersticken. Aber Lava reichert den Boden auch mit Nährstoffen an, die für die Pflanzen nützlich sind, und sie gestaltet die Landschaft der Erde.

Die Erdformation und ihre Schichten, Magma, Lava, tektonische Platten, Erdbeben und Vulkane bringen uns zu den Gesteinen und Mineralien.

MAGMA DRINGT DURCH DIE ERDKRUSTE UND WIRD AN DER OBERFLÄCHE ZU LAVA.

FASZINIERENDE VULKANE

- Das Wort „Vulkan" leitet sich vom Namen des römischen Gotts des Feuers, Vulcanus, ab.
- Vulkane entstehen auf dem Meeresboden und an Land. Wissenschaftler schätzen, dass es über eine Million Unterwasservulkane gibt, die nicht alle aktiv sind.
- 90 Prozent aller Vulkane der Welt liegen in einem hufeisenförmigen Bereich des Pazifiks, dem Feuerring.
- Bims ist Vulkangestein, das schwimmt.
- Auf der Erde gibt es rund 1900 aktive Vulkane. Aktiv bedeutet, dass sie wieder ausbrechen können!

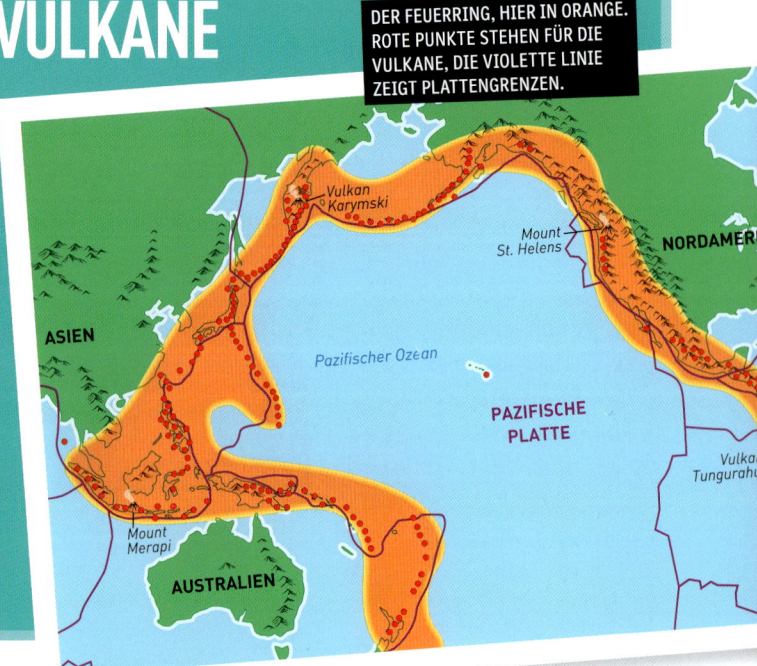

DER FEUERRING, HIER IN ORANGE. ROTE PUNKTE STEHEN FÜR DIE VULKANE, DIE VIOLETTE LINIE ZEIGT PLATTENGRENZEN.

VULKANTYPEN

AUF DER ERDE GIBT ES VIELE ARTEN VON VULKANEN. Sie verhalten sich nicht alle gleich und spucken nicht alle die gleichen Stoffe aus. Man unterscheidet folgende Typen:

SCHLACKEN- UND ASCHENKEGEL: Hunderte von Schlacken- und Aschenkegeln liegen auf dem Mauna Kea, Hawaii (USA). Solche Vulkane stellst du dir wahrscheinlich vor, wenn du das Wort „Vulkan" hörst. Sie sind geformt wie Kegel und oben befindet sich ein schüsselförmiger Krater. Diese Vulkane sind eher klein. Sie werfen feurige, gasgefüllte Lava aus, die sich an der Luft schnell abkühlt und als Asche zu Boden regnet.

SCHLACKEN- UND ASCHENKEGEL: MAUNA KEA, HAWAII (USA)

SCHICHTVULKANE: Der Fuji in Japan, der Mount Rainier und der Mount St. Helens in Washington (USA) sind Beispiele für Schichtvulkane. Sie können hoch und steil aufragen und mehrere Schlote haben, durch die starke Ausbrüche erfolgen. Schichtvulkane entstehen, indem sich über Jahrhunderte viele Lavaschichten übereinanderlegen.

SCHICHTVULKAN: DER FUJI IN JAPAN

LAVADOME: Diese ruhigeren Vulkane besitzen meist zu wenig Gas und Druck für eine starke Explosion. Die zähe Lava, die sie ausstoßen, fließt nicht weit und erstarrt schon um den Schlot des Lavadoms herum. Manchmal bilden sich Lavadome in anderen Vulkane, wie die beiden Lavadome des Mount St. Helens. Der Puy de Dôme in Frankreich entstand vor über 10 000 Jahren.

LAVADOM: PUY DE DÔME, FRANKREICH

SCHILDVULKANE: Mauna Loa und Kilauea auf Hawaii sind berühmte Schildvulkane. Sie sind breit und flach und brechen oft geräuschlos aus. Die Lava besteht vor allem aus Basalt. Sie fließt schnell und breitet sich aus, bevor sie einen steilen Berg bilden kann. Das Ergebnis ist ein schildförmiger Vulkan.

SCHILDVULKAN: KILAUEA AUF HAWAII (USA). HIER SIEHT MAN DEN KRATERSEE DES PU'U O'O, DER MIT LAVA GEFÜLLT IST.

WOLKENKRATZER WIE DIESE IN NEW YORK CITY KÖNNTE ES NICHT GEBEN OHNE **MINERALIEN.** EISEN, KUPFER UND SOGAR GOLD SPIELEN EINE BEDEUTENDE ROLLE FÜR **BAUWERKE.**

DIE SKYLINE VON MANHATTAN IN NEW YORK CITY

Was ist ein Mineral?

Mineralien gab es schon lange, bevor Leben auf der Erde existierte. Sie entstehen natürlich, oft beim Abkühlen von Lava oder Verdunsten von Wasser aus den Ozeanen. Sie sind anorganisch, das heißt, dass sie nicht leben oder von Lebewesen hergestellt werden. Die meisten Mineralien sind bei Raumtemperatur fest.

Mineralien entstehen auch tief in der Erde durch Hitze und Druck. Man findet sie überall auf der Erde. Schau dich einmal um. Draußen bestehen der Sand, der Boden und die Felsen aus Mineralien, auch die Autos, die Gebäude und die Spielplatzgeräte. Drinnen enthalten ein Großteil deiner Nahrung, deine Medizin und sogar die Küchenarbeitsfläche Mineralien.

WENN DU SALZKRISTALLE VERGRÖSSERST, SIEHST DU, DASS SIE WÜRFELFÖRMIG SIND.

Mineralien bestehen aus Atomen, den kleinsten Einheiten einer Substanz. Ein Element hat nur eine Art Atom. Die Elemente von Mineralien bilden in der Regel einen Kristall, der einzigartig ist. Die Elemente eines Minerals und die Anordnung seiner Kristalle bestimmen, wie das Mineral aussieht. Salz ist zum Beispiel ein Mineral mit würfelförmigen Kristallen. Betrachtest du ein Salzkorn unter einem Vergrößerungsglas, so kannst du das erkennen. Bisher hat man über 5000 Mineralien auf der Erde entdeckt und man findet ständig neue.

Siehst du ein Mineral, etwa ein Stück Quarz, denkst du vielleicht, dass es wie ein Stein aussieht. Was ist also der Unterschied zwischen Steinen und Mineralien? Gleich erfährst du es!

GEBACKENER KOT!

HEISSE GASE AUS EINER BRENNENDEN KOHLENMINE VERWANDELTEN FALKENKOT IN TINNUNCULIT.

EIN TURMFALKE

VOM KOT ZUM MINERAL

SUBSTANZEN, DIE SICH NIE MISCHEN WÜRDEN, können durch menschliche Aktivität aufeinandertreffen. Das wohl eigenartigste Beispiel ist Tinnunculit. Dieses Mineral ist nach dem europäischen Turmfalken (*Falco tinnunculus*) benannt. Einige Tiere ließen ihren Kot rund um eine brennende russische Kohlenmine fallen. Die heißen Gase der Mine backten den Kot und Tinnunculit entstand. 2016 wurde es als Mineral anerkannt.

Was ist ein Gestein?

Du kletterst und springst auf Steinen, vielleicht sammelst du sie sogar. Steine sind überall. Sie können glitzernd oder matt, rau oder glatt sein. Streifen oder Flecken können sie zieren. Sie können weich und mürbe oder hart und fest, braun, grau, schwarz – oder gelb, blau, rot, rosa und sogar lila sein! Aber was genau ist ein Stein?

Ein Stein ist fest (nicht flüssig oder gasförmig) und von der Natur (nicht von Menschen) gemacht. Er besteht aus einem oder mehreren Mineralien. Manche Steine sind organisch – von Lebewesen produziert. Ihre Mineralien geben Wissenschaftlern Aufschluss über die Erdgeschichte und wie Gesteine entstanden sind. Selbst ein Stein in der Wüste kann erzählen, dass er einmal an einem See oder in einem Meer lag oder von einem Vulkan ausgespien wurde. Wissenschaftler teilen Gestein anhand der Mineralien in drei Kategorien ein: magmatisches, sedimentäres und metamorphes Gestein.

Magmatisches Gestein

Wie der Name sagt, entsteht magmatisches Gestein durch Abkühlen glühend heißen Magmas. Solches Gestein kann unter der Erdoberfläche entstehen, wenn Magma unterirdisch abkühlt. Das Magma stammt aus kleinen Taschen geschmolzenen Gesteins an der Grenze zwischen Lithosphäre und Asthenosphäre. Das Gestein bildet sich in der Kruste und im lithosphärischen Mantel. Diese Art von magmatischem Gestein wird Plutonit, Intrusiv- oder Tiefengestein genannt, weil das Magma innerhalb der Erdkruste auskristallisiert. Es kühlt langsam ab, sodass die Kristalle größer werden können als jene, die sich auf der Erdoberfläche bilden. Granit ist ein Tiefengestein. Magmatisches Gestein, das bei einer Vulkanexplosion ausgeworfen wird, heißt Eruptivgestein. Es erstarrt schnell, wenn es auf die kühle Erdoberfläche fließt. Schnelleres Abkühlen bedeutet kleinere Kristalle. Basalt ist ein Beispiel dafür.

DIE MAGMATISCHE GESTEINS-FORMATION „THE CATHEDRAL SPIRES" IM CUSTER STATE PARK IN SOUTH DAKOTA (USA)

SEDIMENTÄRES GESTEIN BIRGT MANCHMAL VERSTEINERTE SCHÄTZE WIE DIESEN SCHLANGENSTERN UND EINEN TRILOBITEN AUS DER URZEIT.

METAMORPHES GESTEIN IST GESTEIN, DAS UMGEWANDELT WURDE – WIE DER MARMOR, DER ZUVOR KALKSTEIN WAR.

Sedimentäres Gestein

Sedimentäres oder Sedimentgestein besteht aus Bestandteilen anderer Gesteine der Erdkruste. Regen, Wind, Eis und sogar deine Aktivitäten, etwa Mountainbiken, Fahren im Gelände und Bergsteigen, können Gestein zu Sedimenten zerkrümeln. Wird es fortgespült oder -geweht, lagert es sich ab, oft auf dem Grund eines Sees. Mit der Zeit setzen sich weitere Sedimentschichten auf den unteren Schichten ab. Der Druck wird so stark, dass sich die zusammengepressten Schichten verbinden und Sedimentgestein bilden.

Du kannst die verschiedenen Schichten von Sedimentgestein erkennen, und manchmal verbergen sich Überraschungen darin. Ganze Pflanzen und Tiere oder Teile oder Abdrücke der Pflanzen und Tiere können in den Sedimentschichten eingeschlossen worden sein. Sie werden genauso gepresst und verhärten genauso wie das Sediment (siehe Kapitel 3). So entstehen über Jahrmillionen Fossilien.

Metamorphes Gestein

Das Wort „metamorph" bedeutet „die Form ändernd". Das beschreibt genau, wie metamorphes Gestein entsteht.

Anders als sedimentäres Gestein bildet sich metamorphes Gestein tief in der Erde, wo die Temperatur und der Druck hoch sind. Hitze und Druck können bewirken, dass sich die Elemente neu anordnen und andere Mineralien bilden. Hierdurch wandelt sich das bestehende Gestein, das magmatisch, sedimentär oder metamorph sein kann, in ein neues, anderes Gestein um.

Ein gutes Beispiel ist das sedimentäre Gestein Kalkstein. Wird es unterirdisch großem Druck und starker Hitze ausgesetzt, verwandelt es sich in das metamorphe Gestein Marmor.

DAS MINERAL QUECKSILBER IST BEI RAUMTEMPERATUR FLÜSSIG.

SELTSAME MINERALIEN

MANCHE MINERALIEN WEISEN NICHT DIE EIGENSCHAFTEN AUF, DIE ALLE ANDEREN MINERALIEN AUSZEICHNEN. Eine Eigenschaft ist, dass Mineralien bei Raumtemperatur fest sind. Aber Quecksilber und natürliches Eis gelten als Mineralien, obwohl sie bei Raumtemperatur flüssig sind.

EIS IST EIN WEITERES UNGEWÖHNLICHES MINERAL, DAS BEI RAUMTEMPERATUR FLÜSSIG IST.

SELTSAME GESTEINE

MANCHMAL IST DIE WISSENSCHAFT NICHT EXAKT. Ein Stein besteht definitionsgemäß aus Mineralien. Kohle, Obsidian und Bernstein sind Ausnahmen. Alle drei gelten als Steine und alle drei sind keine Mineralien. Kohle ist organisch. Sie entstand aus prähistorischen Pflanzen und Tieren, die unter Schlamm und Schotter gepresst und Jahrmillionen lang erhitzt wurden. Sie ist als einziges Gestein brennbar. Obsidian wird von Vulkanen ausgespien und kühlt so schnell ab, dass es keine Kristalle bilden kann. Oft wird es als glasig beschrieben. Wie Kohle ist auch Bernstein organisch. Er entstand aus erhärtetem Baumharz. Pflanzen und Insekten wurden darin eingeschlossen und über Jahrmillionen konserviert.

KOHLE IST EIN GESTEIN, ABER KEIN MINERAL, WEIL ES AUS ORGANISCHEM MATERIAL BESTEHT.

BERNSTEIN WAR EINST EIN BAUMHARZ UND WURDE IM LAUFE VON JAHRMILLIONEN HART.

OBSIDIAN, EIN VULKANISCHES GESTEINSGLAS, IST SO SCHNELL ABGEKÜHLT, DASS ES KEINE KRISTALLE BILDEN KONNTE.

GESTEINSZYKLUS

1. MAGMA
TIEF UNTER DER ERDOBERFLÄCHE SCHMILZT METAMORPHES GESTEIN ZU MAGMA.

2. MAGMATISCHES GESTEIN
EIN TEIL DES MAGMAS ERSTARRT ZU MAGMATISCHEM GESTEIN WIE GRANIT ODER DIORIT. EIN ANDERER TEIL STEIGT AN DIE ERDOBERFLÄCHE. DORT KANN ER ALS LAVA ERSCHEINEN. KÜHLT DIE LAVA AB, ERSTARRT SIE ZU MAGMATISCHEM ERUPTIVGESTEIN WIE BASALT.

3. SEDIMENTÄRES GESTEIN
DAS GESTEIN AUF DER ERDOBERFLÄCHE WIRD DURCH REGEN, WIND UND EIS ZERSETZT, ES VERWITTERT. MIT DER ZEIT ZERFALLEN DIE STEINE IN KLEINE PARTIKEL. DIESE LAGERN SICH MIT DER ZEIT IN FLÜSSEN, SEEN UND MEEREN AB.

4. SEDIMENTÄRES GESTEIN
DIE SEDIMENTE WERDEN ZUSAMMENGEPRESST UND ZU SEDIMENTÄREM GESTEIN ZEMENTIERT. MIT DER ZEIT VERWITTERT ES UND ZERSETZT SICH WIEDER ZU SEDIMENT ODER WIRD VON DEN TEKTONISCHEN PLATTEN ZURÜCK UNTER DIE ERDOBERFLÄCHE GESCHOBEN.

5. METAMORPHES GESTEIN
DER OBERE BEREICH DES ERDMANTELS UND DIE KRUSTE BESTEHEN AUS TEKTONISCHEN PLATTEN. MANCHE ZERBRECHEN UND LASSEN MAGMA AUSTRETEN, ANDERE KOLLIDIEREN, SODASS GESTEIN VON DER OBERFLÄCHE UNTER SIE GESCHOBEN WERDEN KANN, WO ES ERHITZT UND/ODER GEPRESST WIRD. SCHLIESSLICH BILDET ES METAMORPHES GESTEIN.

Der Gesteinskreislauf

Gestein ist zwar fest und hart, durchläuft über lange Zeiträume aber viele Veränderungen. Es kann schmelzen, gepresst werden und sogar verdunsten. Ständig entsteht neues Gestein auf und in der Erde, sogar jetzt, in diesem Moment.

Der Gesteinszyklus illustriert die Wandlungen, die Gestein durchläuft, und erklärt, wie die drei Gesteinsarten miteinander zusammenhängen. All das braucht Zeit: Es geschieht in geologischer Zeit, über viele Jahrtausende hinweg. Und da dies ein Kreislauf ist, hören die Veränderungen niemals auf. Aber was, denkst du, ist die treibende Kraft hinter diesem Gesteinskreislauf? Wenn du jetzt an die Plattentektonik gedacht hast, liegst du richtig.

Plattentektonik

Das Gestein auf der Erde verwittert durch Kräfte wie Wind, Regen, Eis und Temperaturschwankungen. Kein Stein ist so hart, dass er dem widerstehen könnte. Dann transportiert die Erosion durch Wind, Flüsse, Regen, Gletscher und Schwerkraft die Sedimente in tief liegende Bereiche wie Flussbetten, Meeresböden und Wüsten. Nach vielen Tausend Jahren verwandelt sich das Sediment aus Gesteinsresten und anderen Ablagerungen in Sedimentgestein.

EIN TAUCHER SCHWIMMT DURCH DIE NESGJA-SPALTE ZWISCHEN ZWEI PLATTEN IM NORDEN ISLANDS.

PLATTEN-GRENZEN

WISSENSCHAFTLER HABEN EINE THEORIE über die 15 Lithosphärenplatten und ihre Bewegung entwickelt. Unter anderem besagt diese, dass die Platten abhängig von ihren Kanten unterschiedlich aufeinander reagieren. An einer Transformstörung gleiten die Platten seitlich aneinander vorbei. An konvergierenden Plattengrenzen prallen zwei Platten aufeinander, sodass sich die eine unter die andere schiebt. An divergierenden Plattengrenzen entfernen sich die Platten voneinander. Magma aus dem Mantel kann an divergierenden Plattengrenzen aus dem Meeresboden aufsteigen und ein Unterwassergebirge bilden.

Nun kommen die tektonischen Platten ins Spiel. Glühend heißes Magma kann an die Erdoberfläche oder auf den Meeresboden gelangen, nachdem ein Erdbeben an einem Spalt Druck abgelassen hat. Ein Spalt ist ein Bruch in der Erdkruste. Ein Ruck auf einer Seite des Spalts löst die Spannung und verursacht ein Erdbeben. Das Magma steigt am Spalt an sogenannten divergierenden Grenzen auf, den Bereichen, an denen tektonische Platten auseinanderdriften. Dieses Magma kühlt als Tiefengestein ab oder fließt auf die Oberfläche und bildet magmatisches Eruptivgestein, etwa Basalt. An konvergierenden Grenzen, an denen sich eine tektonische Platte unter eine andere schiebt, sinkt das kühlere, dichtere und schwerere magmatische, sedimentäre oder metamorphe Gestein wieder hinunter in den Erdmantel, wo es gepresst, erhitzt und in metamorphes Gestein verwandelt wird. Erdbeben, Vulkane und Plattenkollisionen, die Berge bilden, bringen metamorphes Gestein zurück an die Erdoberfläche, was als Hebung bezeichnet wird.

Jetzt hast du eine gute Vorstellung davon, was Gesteine und Mineralien sind und welche Kräfte sie ans Licht bringen. Mit der Lupe wollen wir uns nun die farbenfrohe, faszinierende Welt der Steine und Mineralien näher ansehen.

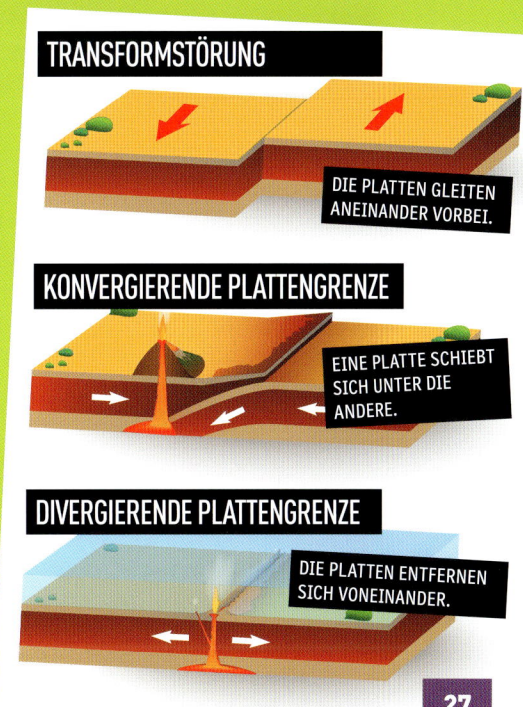

TRANSFORMSTÖRUNG

DIE PLATTEN GLEITEN ANEINANDER VORBEI.

KONVERGIERENDE PLATTENGRENZE

EINE PLATTE SCHIEBT SICH UNTER DIE ANDERE.

DIVERGIERENDE PLATTENGRENZE

DIE PLATTEN ENTFERNEN SICH VONEINANDER.

PROBIER'S AUS!

BAUE DIR EINEN VULKAN

Dies ist ein lustiges, „explosives" Experiment. Du kannst dieses Rezept kreativ durch Farben und dekorative Elemente ergänzen. Gib Glitter oder etwas chininhaltiges Tonic Water hinzu – Chinin leuchtet unter Schwarzlichtbeleuchtung. Lass den Ton und die Farbe lange genug trocknen.

So geht es:

1. Lege ein Backblech mit Backpapier oder Alufolie aus und stelle deinen Behälter in die Mitte des Blechs.

2. Knete den Ton um den Behälter herum zu einem Vulkan. Der Ton muss dicht am Rand des Behälters anliegen. Wenn du möchtest, verziere deinen Vulkan mit Spielzeugpflanzen, -tieren, -häusern – sei kreativ! Lass den Ton trocknen.

3. Male den Vulkan an und lass die Farbe trocknen.

4. Mische Backnatron, Geschirrspülmittel und Lebensmittelfarbe in einer Schüssel und gieße die Mischung in den Behälter.

5. Sind alle zum Staunen bereit, gieße den Essig hinein und beobachte den Ausbruch!

GIESSE DEN ESSIG HINEIN UND SEI BEREIT FÜR DEN VULKANAUSBRUCH!

ACHATE WIE DIESER BLAUE BILDEN SICH IN HOHLRÄUMEN ODER RISSEN ANDERER GESTEINE.

EINLEITUNG

MADAGASKAR IST DIE VIERT-GRÖSSTE INSEL DER WELT

Die im Südosten Afrikas gelegene Insel ist reich an geologischer Aktivität und es gibt auch viele kleine Erdbeben. Alles deutet darauf hin, dass die Insel auseinanderbricht.

DR. SARAH STAMPS

Um herauszufinden, ob die Insel wegen geologischer Aktivität tatsächlich auseinanderbrechen könnte, habe ich sie mit einem Team besucht und die Bewegungen zwischen Nord- und Süd- sowie Ost- und West-Madagaskar gemessen.

Mit unseren Instrumenten versuchen wir, die Bewegungen auf einen winzigen Zentimeterbruchteil genau zu erfassen.

Eine der Stellen, die wir jedes Jahr zum Messen aufsuchen, liegt in einem Regenwald. Und zufällig befindet sich dort eine Mine. Hier lebt nur ein Mann, der Gestein mithilfe von Werkzeugen abbaut. Das ist eine sehr mühsame Art des Bergbaus. Der Arbeiter kann das Gestein mit Feuer brüchig machen und an Bruchstellen schwächen. Aber meistens bearbeitet er das Gestein mit den Händen, bis er es mit eigener Körperkraft aus der Erde holt. Es ist wirklich unglaublich.

Dieser Bergarbeiter arbeitete an einer Klippe, sehr nah an unseren Instrumenten, und seine Arbeit hatte völlig unerwartete Folgen.

Bei jeder Messung setzen wir Messmarken, die uns bei unserer Forschung helfen. Das sind kleine Stahlnadeln mit dem Durchmesser eines Centstücks und mehreren Zentimetern Länge. Wir bohren für sie passende Löcher in den Fels und kleben sie dort mit Epoxid fest. So halten sie und wir brauchen nicht zu befürchten, dass sie sich lösen.

Wenn wir an diesen Ort zurückkehren, messen wir stets dieselbe Messmarke. Auch wenn sie sich nur ein winziges Stück verschoben hat, stellen wir das mit unserer GPS-Ausrüstung fest.

Wir hatten diese Stelle bereits zweimal vermessen und kamen zur dritten Messung zurück. Aber uns erwartete eine Überraschung: Witterung und Bergbau hatten die ganze Klippe abstürzen lassen! Zum Glück war unsere Ausrüstung nicht mit abgestürzt, aber die Messmarke war fort und damit ein Teil unserer Daten aus unserer Feldarbeit.

Zwar gewinnen wir durch Bergbau viele Rohstoffe, wie Eisen und Kupfer, doch schädigt er die Erde – und manchmal auch wissenschaftliche Feldarbeit.

DR. STAMPS BAUT IN MADAGASKAR IHRE AUSRÜSTUNG AUF.

DR. STAMPS' **PRÄZISE** INSTRUMENTE KÖNNEN **GEOLOGISCHE AKTIVITÄT** BIS AUF DEN **WINZIGEN BRUCHTEIL** EINES ZENTIMETERS MESSEN.

GPS-AUSRÜSTUNG, DIE DR. STAMPS MIT IHREM TEAM AN DER KÜSTE VON MADAGASKAR AUFGESTELLT HAT.

SALZ, SCHNEEFLOCKEN UND MANCHER SAND AM STRAND HABEN ETWAS GEMEINSAM.

Sie liegen in Form von Kristallen vor – festem Material, das aus Atomen besteht.

MESOLITH HAT DIE FORM VON NADELARTIGEN KRISTALLEN.

Was die Atome eines Kristalls besonders macht, ist die Tatsache, dass sie im Inneren des Kristalls in einem sich wiederholenden Muster angeordnet sind. Das wird Kristallgitter genannt. Es ist dreidimensional, denn es besitzt Höhe, Breite und Tiefe. Es ist auch symmetrisch, weshalb es genau gleich aussieht, auch wenn man es dreht oder kippt. Jede Kristallart bindet auf ihre eigene Weise neue Atome an ihr Kristallgitter, denn sie wiederholt ihr Muster, während sie wächst. Alle Kristalle der Erde werden nach der Form ihres Kristallgitters in sieben Grundformen eingeteilt, das sogenannte Kristallsystem. Man unterscheidet kubisch/isometrisch, hexagonal, monoklin, orthorhombisch, tetragonal, triklin und trigonal. (Auf der Seite gegenüber erfährst du mehr über Kristallsysteme.)

Obwohl Kristalle nicht leben, wachsen sie. Zumindest nennen Wissenschaftler das so, wenn Kristalle sich bilden und größer werden. Kristalle wachsen in drei Umgebungen: in Magma, in Flüssigkeiten wie Wasser und in Dampf. Diamantkristalle wachsen in Magma, Eiskristalle bilden sich bei Frost auf Fenstern aus dem gefrierenden Wasserdampf der Luft, und Natriumchloridkristalle (Kochsalz) entstehen, wenn Meerwasser verdunstet.

Langsam abkühlende Kristalle haben mehr Zeit zu wachsen und sind größer als schnell abkühlende. In Naica in Mexiko etwa sind 300 m unter der Wüstenoberfläche Millionen Jahre alte Selenitkristalle 11 m lang und 4 m breit geworden!

Das Erscheinungsbild eines Kristalls wird Kristallgestalt genannt. Sie hat oft dieselbe Form wie das Kristallgitter. Legst du beispielsweise Salzkörner unter ein Mikroskop, kannst du das sehen. Du wirst entdecken, dass ein Salzkorn kubus- oder würfelförmig ist – eine größere Version seines Kristallgitters. Äußere Umstände wie Temperatur und Druck während des Kristallwachstums können die Gestalt beeinflussen und coole Varianten einzelner Kristalle erzeugen. So haben Schneeflocken scharfe Spitzen, wenn sie bei sehr kalten Temperaturen wachsen. Bei etwas wärmeren Temperaturen sind ihre Spitzen runder.

Wissenschaftler haben bei der Kristallgestalt viele Typen identifiziert, von denen einige besonders häufig sind:

- Nadelförmig: lange, nadelartige Kristalle
- Tafelig: lange, flache Kristalle
- Säulig: einzelne, oft parallele Säulen
- Prismatisch: lang mit vier oder mehr Seiten gleicher Größe

DIE „KAISERIN VON URUGUAY" WIRD IM CRYSTAL CAVES MUSEUM IN QUEENSLAND (AUSTRALIEN) AUSGESTELLT.

VERBORGENE EDELSTEINE

WUSSTEST DU, DASS KRISTALLE IM INNEREN VON FELSEN WACHSEN KÖNNEN? Wie geht das vor sich? Wenn magmatisches Gestein entsteht, kann es eine Gasblase einschließen, die einen Hohlraum im Gestein bildet. Hohlräume können auch in Sedimentgestein entstehen, wenn sich Mineralien zersetzen oder organische Materie zerfällt. Das Gestein sieht hart aus, hat aber winzige Poren. Wasser und in ihm gelöste Mineralien dringen durch diese Poren in den Fels ein. Das Wasser verdunstet, aber die Mineralien bleiben zurück. Nachdem sich auf diese Weise in vielen Tausend Jahren Kristalle gebildet haben, ist eine Geode entstanden. Von außen sehen Geoden wie normales Gestein aus. Schneidet man sie aber in der Mitte durch, entdeckt man eine glitzernde Kristallwelt. Quarz findet man am häufigsten in Geoden.

Geoden gibt es in allen Größen. Manche sind so klein wie Golfbälle. Andere sind riesig: Die „Kaiserin von Uruguay", die größte Amethystgeode, ist 3,30 m groß und wiegt rund 2,3 Tonnen. Doch die größte bisher entdeckte Geode ist gleichzeitig eine Höhle. Crystal Cave in Ohio (USA) misst an der breitesten Stelle 5 m. Die Höhle ist voller Coelestinkristalle, von denen einzelne über 136 kg wiegen. Viele davon wurden abgebaut und zur Herstellung roter Funken in Feuerwerken benutzt.

SOLCHE COELESTIN-KRISTALLE FAND MAN IN DER CRYSTAL CAVE IN OHIO (USA).

Vom Kristall zum Mineral

Der Unterschied zwischen einem Kristall und einem Mineral kann verwirren. Kristalle entstehen aus Magma, Flüssigkeit oder Dampf, die reich an Mineralien sind, und Mineralien bestehen in der Natur aus Kristallen. Kristalle entstehen aus Mineralien und die Mineralien bilden Kristalle.

Mineralien entstehen natürlich, ebenso wie Kristalle. Alle Mineralien sind anorganisch. Sie haben nicht gelebt und sind nicht aus etwas entstanden, das einmal gelebt hat. Aber es gibt Kristalle, die aus Produkten von Lebewesen entstehen. Das sind dann keine Mineralien. Zucker ist dafür ein gutes Beispiel. Er bildet zwar Kristalle, ist aber kein Mineral, weil er von Pflanzen erzeugt wird.

Dann gibt es Polymorphe, zwei oder mehr verschiedene Mineralien, die aus denselben Elementen bestehen. Unterschiede in der Kristallstruktur bestimmen, welche Art von Mineral sie bilden. Auch wenn es kaum zu glauben ist – Grafit, die Spitze deines Bleistifts, die sich auf Papier abreibt und Buchstaben und Bilder zeichnet, besteht exakt aus demselben Element wie ein Diamant: Kohlenstoff. Wie kann das sein? Das hat mit der Stärke des Drucks zu tun, dem der Kohlenstoff ausgesetzt war, als er entstand, und wie der Kohlenstoff strukturiert ist.

Ein Diamant entsteht, wenn Kohlenstoff bei sehr hohem Druck gepresst wird. Bei geringerem Druck entsteht Grafit. Das Kristallgitter, die Anordnung der Atome, bestimmt also, ob du einen Diamanten hast, der Millionen wert ist, oder einen praktischen Stift für die Schule. Das Kristallgitter des Diamanten ist dreidimensional: Jedes Kohlenstoffatom ist mit vier anderen verbunden. Es sind starke Verbindungen, die den Diamanten so hart machen. Die Kristallstruktur von Grafit ist nur zweidimensional. Er besteht aus losen Schichten sechsseitiger, also hexagonaler Kohlenstoffringe, die Maschendraht ähneln. Weil diese Struktur schwach ist, ist Grafit so weich, dass du damit schreiben kannst.

Starke Bausteine

Mineralien sind die Bausteine der Gesteine. Man findet sie überall auf der Erde und wir benutzen sie jeden Tag. Wir reiben Mineralien wie Zink und Schwefel auf unsere Haut. Wir trinken und essen Mineralien wie Kalzium und Magnesium, um stark und gesund zu bleiben. Smartphones, Möbel, Küchenplatten, Bleistifte, Münzen und sogar Toiletten enthalten Mineralien. Manche, wie Platin und Gold, sind sehr wertvoll. Wie kann man nun erkennen, was alles ein Mineral ist?

Mineralogen – Wissenschaftler, die Mineralien erforschen – haben festgelegt, dass ein Mineral fünf Eigenschaften hat:
1. Ein Mineral muss fest sein. Öl, Wasser, Treibsand, Dampf oder jegliche Flüssigkeit *können kein* Mineral sein.
2. Mineralien bestehen aus einem oder mehreren Elementen. Einige kennst du wahrscheinlich: Sauerstoff befindet sich in der Luft, die du atmest, Helium ist das Gas, das Luftballons aufsteigen lässt, ein Diamant ist eine Form des Elements Kohlenstoff. Die Kombination von Elementen ist bei jedem Mineral einzigartig. So besteht Quarz aus einem Teil Silicium und zwei Teilen Sauerstoff.

ZUCKER BILDET ZWAR KRISTALLE, STAMMT ABER VON PFLANZEN UND KANN DAHER KEIN MINERAL SEIN.

Kein anderes Mineral weist diese Kombination von Elementen auf.
3. Die Elemente in einem Mineral müssen einen Kristall bilden können.
4. Alle Mineralien müssen anorganisch sein. Mineralien sind weder Pflanzen noch Tiere und werden auch nicht von Pflanzen oder Tieren erzeugt. Das schließt Perlen aus, die von Austern gebildet werden, und Holz, das von Bäumen stammt.
5. Natürliche Mineralien stammen aus der Natur. In einem Labor erzeugte Mineralien sind nicht echt. So ist Eisen ein Mineral, nicht aber Stahl, weil es von Menschen aus Eisen durch Zufügen von etwas Kohlenstoff produziert wurde.

Benenne das Mineral

Jeden Tag werden neue Mineralien entdeckt. Im Jahr 2018 ist ihre Zahl auf über 5000 gestiegen. Aber wie werden Mineralien identifiziert? Kannst du hinausgehen, einen Stein aufheben und wissen, welche Art von Mineral du in der Hand hältst? Vielleicht. Du kannst Quarz oder Gold eventuell erkennen, indem du sie einfach anschaust. Aber um ein Mineral wirklich zu identifizieren, musst du seine chemische Formel kennen, die dir sagt, aus welchen Elementen es besteht und wie sein Kristallgitter aussieht. Oft benötigt man ein Mikroskop dafür. Aber es muss kein Nachteil sein, wenn du kein Mikroskop hast oder das nächste Labor weit weg ist. Häufig verraten die Eigenschaften eines Minerals seine Identität. Um ein Mineral zu bestimmen, musst du Farbe, Glanz, Strichfarbe, Spaltbarkeit, Bruch, relative Dichte und Härte beschreiben. Dies sind die Eigenschaften eines Minerals.

Farbe

Die Farbe eines Minerals ist wohl am einfachsten zu beschreiben, aber sie ist am wenigsten hilfreich, um es zu identifizieren. Das liegt daran, dass es viele Mineralien mit derselben Farbe gibt und manche Mineralien in mehreren Farben vorkommen, abhängig von anderen enthaltenen Elementen bzw. Verunreinigungen. So sind sowohl Gold als auch Pyrit (auch Katzengold genannt) golden, obwohl es verschiedene Mineralien sind. Transparente, also durchsichtige Mineralien weisen eher Farbvarianten auf als undurchsichtige. Quarz kann farblos sein, aber wenn er eine Spur Eisen enthält, ist er lila. Man findet auch weißen, braunen, orangen, roten, grauen oder rosa Quarz, je nachdem, welche anderen Elemente enthalten sind.

Das Mineral Korund ist ein weiteres Beispiel dafür, wie wenig man sich bei der Identifizierung von Mineralien auf die Farbe verlassen kann. Findest du Korund mit einer Spur Eisen oder Titan, ist es ein blauer Saphir. Enthält Korund ein wenig Chrom, hast du einen roten Rubin. Abhängig von den Verunreinigungen kann Korund auch weiß, gelb, grün, lila oder schwarz sein. Ohne Verunreinigungen ist Korund farblos.

ZUR IDENTIFIZIERUNG EINES MINERALS BENÖTIGT MAN IN DER REGEL EINE LABORAUSRÜSTUNG. HIER WIRD EIN BOHRER VERWENDET.

KORUND WIRD DURCH EISEN ODER TITAN ZUM SAPHIR.

FEUERWERK!

SILVESTER WÄRE NICHT DASSELBE ohne Feuerwerk. Hast du dich beim Anblick der farbenprächtigen Explosionen jemals gefragt, wie diese Farbenpracht entsteht? Nun, hier kommt die Antwort: Es sind Mineralien, die diesen Farbenrausch erzeugen.

Alles beginnt mit Schwarzpulver, einer Mischung aus Kaliumnitrat, Holzkohle und Schwefel. Diese Pulvermischung wird in den Treibsatz, den unteren Teil der Rakete, gefüllt, der wie der obere Teil eine Hülle aus Papier oder Pappe hat. Der obere Teil, Effektsatz genannt, enthält Pulver aus Metallen und Mineralien, die geschnitten, gepresst oder gerollt wurden und Sterne heißen. Die Anordnung der Sterne im Effektsatz – rund, sternförmig, oval oder länglich –, bestimmt die Form des Feuerwerks. Die Metalle und Mineralien in den Sternen verleihen dem Feuerwerk seine Farben und Blitze. Eine Zündschnur am Treibsatz wird angezündet und befördert die Rakete in die Luft. Am höchsten Punkt der Flugbahn wirft die sogenannte Ausstoßungsladung die Sterne aus, entzündet sie und lässt bezaubernde Farben herabregnen.

VERSCHIEDENE MINERALIEN UND METALLE ERZEUGEN DIE **FARBEN** DER FEUERWERKSKÖRPER.

BLAU: KUPFER, VOR ALLEM IN DEN MINERALIEN CHALKOPYRIT, AZURIT UND MALACHIT
GRÜN: BARIUM, VOR ALLEM IM MINERAL BARYT
ROT: STRONTIUM, VOR ALLEM IM MINERAL COELESTIN
GELB: NATRIUM

MINERAL- AND METALL-MISCHUNGEN ERZEUGEN MEHR FARBEN.

ORANGE: STRONTIUM UND NATRIUM
VIOLETT: KUPFER UND STRONTIUM
SILBER: TITAN, ZIRKONIUM UND MAGNESIUM

MINERALIEN UND METALLE KÖNNEN AUCH **SPEZIALEFFEKTE** ERZEUGEN.

BLITZE: FEINES ALUMINIUMPULVER
HERABREGNENDE BLITZE: ALUMINIUMFLOCKEN ODER -KÖRNER
GOLDFUNKEN: EISEN, VOR ALLEM VOM MINERAL HÄMATIT, UND KLEINE STÜCKE HOLZKOHLE
SERIEN VON BLITZEN: MAGNESIUM UND ALUMINIUM

NICHTMETALLISCHER GLANZ

Der Glanz beschreibt, wie stark eine Oberfläche Licht reflektiert. Mineralien können metallisch glänzen – wie Gold – oder nichtmetallisch. Viele Mineralien haben nichtmetallischen Glanz und Wissenschaftler verwenden viele Begriffe, um diese Art von Glanz zu beschreiben. Hier sind einige Beispiele. Überlege, für welche Mineralien in deiner Sammlung sie passen.

DIAMANTGLANZ: Transparent bis durchscheinend; hart, strahlend, glänzend; *Beispiele:* Diamant, Zirkon

HARZGLANZ: Harz- oder honigähnlich; *Beispiel:* Auripigment

GLASGLANZ: Sieht aus wie Glas; *Beispiele:* Quarz, Pollucit

PERLMUTTGLANZ: Irisierend, Glanz von Perlen; *Beispiele:* Stellerit, Baryt

FETTGLANZ: Sieht aus wie mit einer dünnen Öl- oder Fettschicht bedeckt; *Beispiel:* Nephelin

SEIDENGLANZ: Eine feine, faserige Struktur, wie Seidenstoff; *Beispiele:* Malachit, Aktinolith

ERDIGER GLANZ: Matte, raue Textur; porös oder mit Löchern durchsetzt; *Beispiele:* Kaolinit, Anglesit

PECHGLANZ: Teerartig, oft radioaktiv; *Beispiel:* Uraninit

HALBGLASGLANZ: Sieht aus wie weniger stark glänzendes Glas; *Beispiel:* Howlith

WACHSGLANZ: Sieht aus wie mit Wachs bezogen; *Beispiele:* Variscit, Chalcedon

QUARZ HAT EINEN GLASGLANZ.

KAOLINIT HAT EINEN ERDIGEN GLANZ.

Glanz

Die nächste Eigenschaft ist der Glanz. Zwar kann man den Glanz beschreiben, um ein Mineral zu identifizieren, aber er ist noch unzuverlässiger als die Farbe. Das liegt daran, dass es keine sichere, wissenschaftliche Methode gibt, um den Glanz zu bestimmen. Es ist vor allem dem Auge des Betrachters überlassen, sodass zwei Menschen, die dasselbe Mineral anschauen, den Glanz oft unterschiedlich beschreiben.

Du kannst dir den Glanz als das Funkeln eines Minerals vorstellen. Es hat damit zu tun, wie stark die Oberfläche eines Minerals Licht reflektiert. Durch ein opakes, also lichtundurchlässiges Mineral wie Silber dringt kein Licht, durch ein transparentes Mineral wie Quarz jedoch schon. Durch manche transparente Mineralien wie Ulexit kann man sogar hindurchsehen.

Die zwei Hauptkategorien beim Glanz sind metallisch und nichtmetallisch. Mineralien mit Metallglanz sind in der Regel opak und reflektieren viel Licht – sie glitzern. Gold, Silber und Pyrit haben Metallglanz. Der Glanz von Mineralien, die weniger stark glitzern, wird als halbmetallisch bezeichnet. Mineralien mit nichtmetallischem Glanz weisen die größte Vielfalt auf, von glasig bis wachsartig.

Strichfarbe

Die nächste Eigenschaft eines Minerals, die man sich anschaut, ist seine Strichfarbe, die Farbe des Mineralpulvers. Anders als die Farbe eines Minerals, die sich aufgrund von Verunreinigungen verändern kann, zeigt die Strichfarbe die echte Farbe eines Minerals und diese verändert sich nicht. Aber aufgepasst: Zwei verschiedene

DIE STRICHFARBE EINES MINERALS KANN ANDERS ALS SEINE OBERFLÄCHENFARBE AUSFALLEN. SCHWARZER HÄMATIT (LINKS) HAT AUF DER STRICHTAFEL EINE RÖTLICHE FARBE. MALACHIT (RECHTS) HAT EINE GRÜNE.

Mineralien von derselben Farbe haben nicht unbedingt dieselbe Strichfarbe. Echtes Gold und Katzengold (Pyrit) sehen gleich aus. Aber teste ihre Strichfarben: Echtes Gold hat einen goldgelben Strich, Katzengold einen grünlichschwarzen. Die meisten nichtmetallischen hellen Mineralien haben einen weißen oder farblosen Strich, daher lassen sich vor allem dunkle Mineralien über die Strichfarbe bestimmen.

Die Strichfarbe eines Minerals herauszufinden ist einfach. Du streichst nur mit dem Mineral über eine unglasierte Porzellan- oder Keramikfläche, Strichtafel genannt. Die pulverige Linie ist der Strich des Minerals. Hier sind ein paar Mineralien und ihre Strichfarben:

- Azurit: blau
- Cinnabarit: scharlachrot/bräunlich rot
- Kyanit: farblos
- Rutil: weiß, grau oder blassbraun
- Zinkit: orangegelb

Spaltbarkeit

Die Spaltbarkeit ist eine weitere Eigenschaft, mit der man ein Mineral bestimmen kann. Sie beschreibt, wie ein Mineral zerbricht bzw. sich spalten lässt. Dies geschieht an schwachen Stellen entlang ebener Flächen des Kristallgitters. Wir haben gesehen, dass das Kristallgitter eines Mineraltyps immer gleich ist. So bilden alle Pyritmineralien kubische Kristallgitter, alle Kyanitmineralien trikline. Jedes Kristallgitter hat somit eine individuelle schwache Stelle, die beeinflusst, wie ein Mineral bricht.

Die Wissenschaftler benutzen dafür bestimmte Begriffe. Bei basaler Spaltbarkeit brechen Mineralien horizontal in eine Richtung und ergeben Schichten, wie es bei Mineralien der Glimmergruppe der Fall ist. Bei kubischer Spaltbarkeit entstehen durch 90°-Winkel in drei Richtungen Kuben, wie bei Halit und Galenit. Bei oktaedrischer Spaltbarkeit ergeben sich acht

EINE NAHAUFNAHME VON BIOTIT, DAS SICH WIE ALLE MINERALIEN DER GLIMMERGRUPPE HORIZONTAL IN EINE RICHTUNG SPALTET.

KUBISCHE SPALTBARKEIT

KUBISCHE SPALTBARKEIT: GALENIT SPALTET SICH IN 90°-WINKELN UND BILDET KUBEN.

OKTAEDRISCHE SPALTBARKEIT

OKTAEDRISCHE SPALTBARKEIT: FLUORIT SPALTET SICH IN DREIECKIGE FLÄCHEN.

RHOMBOEDRISCHE SPALTBARKEIT: DOLOMIT SPALTET SICH IN DREI RICHTUNGEN, ABER NICHT IN 90°-WINKELN.

RHOMBOEDRISCHE SPALTBARKEIT

dreieckige Flächen in vier Richtungen, etwa bei Fluorit. Bei rhomboedrischer Spaltbarkeit gibt es wie bei Dolomit Bruchflächen in drei Richtungen, aber nicht im 90°-Winkel.

Eine andere Möglichkeit, die Spaltbarkeit zu messen, ist die Eigenschaft, wie leicht sich ein Mineral spalten lässt. Wenn du Steine oder Mineralien sammelst, hast du vielleicht schon einmal gehört, wie man die Spaltbarkeit als (höchst) vollkommen, gut, deutlich oder undeutlich bewertet. Das bedeutet:

- (Höchst) vollkommen: Das Mineral spaltet sich leicht mit glatten Flächen.
- Gut: Das Mineral spaltet sich weniger leicht, die Flächen haben raue Stellen.
- Deutlich: Das Mineral bricht nur schwer, Spaltflächen sind schwer zu erkennen.
- Undeutlich: Die Oberfläche des Minerals ist rau, Kanten sind kaum zu erkennen.
- Nicht spaltbar: Es ist keine Spaltbarkeit erkennbar.

Weiß man, in welche Richtungen und wie leicht sich ein Mineral spaltet, hilft das bei seiner Bestimmung. So spaltet sich Halit, auch Steinsalz genannt, in drei Richtungen in Kuben, was der Form seines Kristallgitters entspricht. Glimmer hingegen spaltet sich in einer horizontalen Richtung in Schichten. Die Verbindung zwischen den Schichten ist schwächer als innerhalb der Schichten, weshalb Glimmer sich leicht schichtweise abtragen lässt.

Bruch

Nicht alle Mineralien lassen sich spalten, aber alle brechen – eine weitere typische Eigenschaft. Ein Bruch ist eine unregelmäßige Fläche, die nicht glatt ist. Sie reflektiert Licht in viele Richtungen, weshalb die Bruchfläche matt erscheint. Viele Mineralarten haben charakteristische Bruchflächen, über die sie sich bestimmen lassen. Hier sind einige Arten von Bruchflächen:

- Muschelig: Ein Bruch mit einer runden, glatten Fläche, ähnlich dem Inneren einer Muschel, wie bei Obsidian und Quarz
- Halbmuschelig: Ein glatter Bruch mit runden Ecken, wie bei Aragonit
- Erdig: Die Bruchstelle ist glanzlos und bröckelig, wie bei Limonit
- Glatt: Ein Bruch mit einer glatten Fläche, wie bei Howlith
- Uneben: Ein rauer Bruch wie bei Anhydrit und Magnetit
- Hakig: Ein Bruch mit rauen, scharfen Spitzen, wie bei Kupfer und anderen Metallen
- Splitterig: Ein Bruch mit langen Splittern bei faserigen Mineralien wie Kyanit.

LIMONIT HAT EINEN ERDIGEN BRUCH.

Spezifisches Gewicht

Ein Mineral lässt sich auch bestimmen, indem man misst, wie schwer und dicht es ist. Das spezifische Gewicht berechnet man, indem man das Gewicht durch das Volumen teilt. Es ist eine Eigenschaft, die für jeden Stoff typisch ist. Mithilfe der spezifischen Gewichte kann man Mineralien mit Süßwasser vergleichen. Das spezifische Gewicht von Wasser beträgt nämlich 1. Alles mit einem spezifischen Gewicht von über 1 ist schwerer als Wasser und sinkt, wenn man es hineinwirft. Alles mit einem spezifischen Gewicht von unter 1 ist leichter als Wasser und schwimmt.

Du kannst ein Gefühl für das Gewicht eines Minerals bekommen, indem du es einfach in der Hand hältst, aber sein spezifisches Gewicht lässt sich nur mit teuren Geräten messen. Zum Glück haben Wissenschaftler in Büchern und auf Webseiten das spezifische Gewicht eines jeden Minerals sowie andere Eigenschaften veröffentlicht.

Sagen wir, es ist das Jahr 1850. Der Goldrausch ist auf dem Höhepunkt und du hast es nach Kalifornien geschafft, um Gold zu schürfen. Tagelang hast du am Ufer eines Flusses in der Hocke gesessen und nur wertlose Steine gefunden. Aber dann schimmern eines Tages zwei Goldnuggets in deiner Pfanne. Du traust deinen Augen nicht! Du nimmst eins in jede Hand und bemerkst, dass die beiden zwar gleich groß, aber unterschiedlich schwer sind. Wie kann das sein?

Hättest du vom spezifischen Gewicht gehört, wäre dir klar gewesen, dass es sich um zwei verschiedene Mineralien handelte. Du hättest in einem Buch nachgesehen und herausgefunden, dass das leichte Nugget wohl aus Pyrit, auch Katzengold genannt, bestand. Pyrit hat ein spezifisches Gewicht von etwa 5, Gold eines von etwa 19. Je höher das spezifische Gewicht, desto schwerer das Mineral, wenn man zwei gleichgroße Stücke vergleicht.

Die meisten Mineralien, die die Erdkruste bilden (wie Feldspat und Quarz), haben ein spezifisches Gewicht von 2,75, was durchschnittlich ist. Der Durchschnitt reicht von 2,0 bis 4,5. Ein leichtes Mineral hat ein spezifisches Gewicht von unter 2 und bei über 4,5 gilt es als schwer.

Das spezifische Gewicht kann schwanken. Schuld daran sind Verunreinigungen, also andere im Mineral eingeschlossene Elemente. Manche Tabellen geben daher für jedes Mineral Werte mit einer gewisse Spanne an.

GALENIT HAT EIN SPEZIFISCHES GEWICHT VON 7,4 BIS 7,6 – EIN SCHWERES MINERAL!

Härte

Die Härte ist eine weitere Eigenschaft, mit der sich ein Mineral bestimmen lässt. In der Welt der Mineralien gibt sie an, wie leicht sich ein Mineral ritzen lässt. Nur weil ein Mineral hart ist, bedeutet das nicht, dass es nicht zerbrechen kann. So gehört der Diamant zu den härtesten Mineralien, zerbricht wegen seiner vollkommenen Spaltbarkeit aber leicht.

Wir haben es dem deutschen Mineralogen Friedrich Mohs zu verdanken, dass wir die Härte von Mineralien beschreiben können. Er schuf die Mohs-Skala, mit deren Hilfe er Mineralien nach Härte klassifizierte und organisierte.

Mineralogen ritzten Mineralien bereits, um sie zu bestimmen. Mohs perfektionierte diese Methode. Um 1812 hatte er eine Skala von 1 bis 10 entwickelt, nach der man Mineralien danach einstufen konnte, wie leicht sie sich ritzen ließen.

Die Mohs-Skala ist eine Liste der zehn häufigsten Mineralien, Referenzmineralien genannt, die vom weichsten (1) bis zum härtesten Mineral (10) eingestuft sind. Ein Mineral kann alle anderen Mineralien niedrigeren Ranges ritzen.

Um ein Mineral anhand seiner Härte zu bestimmen, überlegen Wissenschaftler, welche der zehn Referenzmineralien es ritzen könnte.

Dieser Test bestimmt nicht exakt, wie hart etwas ist, sondern wie hart es im Verhältnis zu den Mineralien auf der Mohs-Skala ist. Kann ein Mineral etwa Quarz, aber nicht Topas ritzen, ist es härter als Quarz, aber nicht so hart wie Topas. Seine Härte liegt also bei 7,5 auf der Mohs-Skala. Viele Menschen wissen, dass man einen Diamanten erkennen kann, indem man prüft, ob er Glas ritzt. Diamanten sind härter als Glas, also können sie es ritzen – ebenso wie jedes andere Mineral Glas ritzt, das härter als 6 auf der Mohs-Skala ist. Das liegt daran, dass Glas die Härte 5,5 hat.

Die Ergebnisse des Härtetests können schwanken, je nachdem, in welche Richtung man ein Mineral ritzt. Das liegt daran, dass ein Mineral sich an den Schwachstellen des Kristallgitters spaltet oder bricht. Zum Beispiel hat Talk die typische Härte 1. Ritzt man ihn aber *quer über* seine Spaltebene, also in eine Richtung, in der er stärker ist, liegt die Härte von Talk bei über 2.

FRIEDRICH MOHS SCHUF DIE MOHS-SKALA, DIE MINERALOGEN BIS HEUTE BENUTZEN, UM MINERALIEN ANHAND IHRER HÄRTE ZU BESTIMMEN.

BEI DIESEM HÄRTETEST RITZT QUARZ (RECHTS) CALCIT (LINKS), WIE DU AN DEM KRATZER SEHEN KANNST.

MOHS IM HAUS

WAS IST, WENN DU NICHT ALL DIE MINERALIEN DER MOHS-SKALA zur Hand hast, um die Härte deiner Mineralien zu testen? Keine Sorge! Auch einige Alltagsdinge wurden klassifiziert, mit denen du dein Mineral zur Härtebestimmung ritzen kannst.

Ein Mineral gilt als weich, wenn man es mit dem Fingernagel ritzen kann. Da ein Fingernagel die Mohshärte 2,5 hat, liegt das Mineral zwischen 1 und 2 auf der Mohs-Skala (was Wissenschaftler als 1–2 schreiben würden). Kann ein Messer es ritzen, das die Mohshärte 5,5 hat, dein Fingernagel aber nicht, ist das Mineral von mittlerer Härte und liegt bei 3–5. Ein hartes Mineral hat Mohshärte 6–9, wenn ein Messer es nicht ritzt, es selbst aber Glas ritzen kann. Diamant ist mit Härte 10 am härtesten.

- Fingernagel: 2,5
- Cent: 3
- Messerklinge*: 5,5
- Glas: 5,5
- Stahlfeile: 6,5
- Kachel (Strichtafel): 6,5

*Frage erst einen Erwachsenen um Erlaubnis, bevor du damit die Härte eines Minerals prüfst.

MOHS-SKALA

MINERAL	HÄRTE
TALK	1
GIPS	2
CALCIT	3
FLUORIT	4
APATIT	5
FELDSPAT	6
QUARZ	7
TOPAS	8
KORUND	9
DIAMANT	10

ALPHABETSUPPE

MINERALIEN WERDEN NACH IHREM CHEMISCHEN AUFBAU GEORDNET. Jede Mineralart verfügt über eine einzigartige Chemie, die als chemische Formel geschrieben werden kann. Der chemische Aufbau eines Minerals bestimmt sein Aussehen sowie alle weiteren Eigenschaften: Farbe, Glanz, Strichfarbe, Spaltbarkeit, Bruch, spezifisches Gewicht und Härte. Was enthält eine chemische Formel? Um dies zu beantworten, müssen wir ganz klein anfangen.

Die Bausteine

EIN ATOM IST EIN WINZIGES TEILCHEN, das für das bloße Auge unsichtbar ist. Atome sind die Bausteine aller Materie im Universum. Sie bestehen aus drei Arten von Teilchen: Protonen, Neutronen und Elektronen. Im Zentrum der atomaren Grundstruktur liegt ein Atomkern. Er besteht aus Protonen, die eine positive Ladung haben, und Neutronen ohne Ladung. Um den Kern herum kreisen negativ geladene Elektronen. Atome unterscheiden sich durch die Zahl ihrer Protonen, Elektronen und Neutronen. Jede Art von Atom bildet ein eigenes Element. So ist Wasserstoff ein Element aus Atomen mit einem Proton und einem Elektron.

Atome benutzen ihre Protonen und Elektronen, um sich zu verbinden und Moleküle zu bilden. Moleküle wiederum bilden Verbindungen und Mischungen. Wasser (H_2O) oder Salz (NaCl) sind Verbindungen aus zwei oder mehr Elementen zu einer neuen Substanz. Eine Mischung entsteht durch die Kombination von zwei oder mehr Elementen, die wieder getrennt werden können. Meerwasser ist eine Mischung aus Salz und Wasser.

DIE CHEMISCHE FORMEL FÜR SALZ: NaCl

Das Periodensystem

ALLE ELEMENTE SIND IM PERIODENSYSTEM von oben nach unten und links nach rechts nach ihrer Ordnungszahl aufgelistet. Diese Zahl gibt ihre Anzahl von Protonen an. Das Element Calcium hat z. B. 20 Protonen, daher ist seine Ordnungszahl 20. Änderst du die Anzahl der Protonen, veränderst du das Element, das vom Atom gebildet wird.

Jedes Element wird im Periodensystem mit einem oder zwei Buchstaben abgekürzt. So steht H für Hydrogenium (lateinisch für Wasserstoff), O für Oxygenium (Sauerstoff), Fe für Ferrum (Eisen). Eine tiefgestellte Zahl nach einer Abkürzung zeigt, dass ein Atom in einem Molekül mehrfach vorkommt. Abkürzungen ohne Zahl stehen für ein Atom.

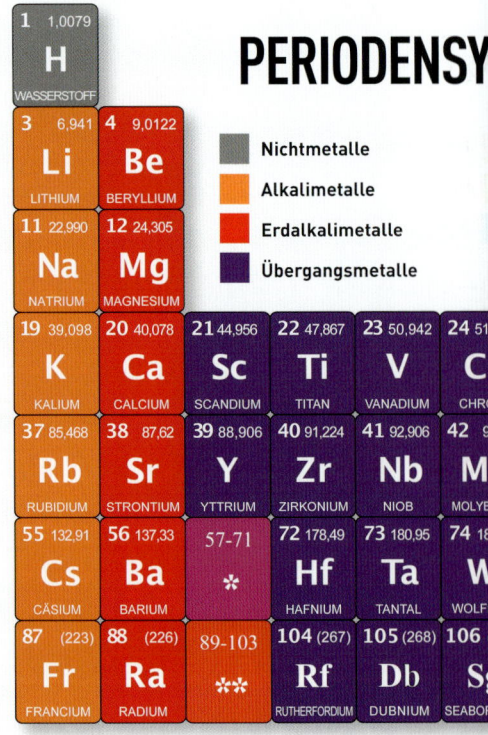

Moleküle sind die kleinsten Bausteine einer Substanz und verfügen über alle ihre Eigenschaften. Du kannst dir Atome als Sprache bzw. Alphabet vorstellen. Jedes Element im Periodensystem ist ein Buchstabe des Alphabets und ein Molekül ist ein Wort. Nehmen wir noch einmal das Beispiel Wasser. Ein Wassermolekül (Wort) wird als H_2O geschrieben. Es hat drei Atome (Buchstaben) aus zwei Elementen (bestimmten Buchstaben): zwei Wasserstoffatome (H_2) und ein Sauerstoffatom (O).

Die Elemente sind im Periodensystem von oben nach unten und links nach rechts nach ihrer Ordnungszahl aufgelistet. Diese richtet sich nach der Zahl der Protonen im Atom eines Elements und wird meist in Fettschrift angegeben. Die andere Zahl ist die Masse des Atoms bzw. sein Gewicht. Das Symbol aus einem oder zwei Buchstaben repräsentiert den Namen des Elements. Die beiden Reihen unter der Tabelle befinden sich dort zur besseren Lesbarkeit. Stünden sie an der richtigen Stelle, wäre das Periodensystem sehr breit.

Chemische Formeln können kompliziert sein, wenn Mineralien aus vielen Elementen bestehen. Aber uns geht es hier erst einmal um die Grundlagen.

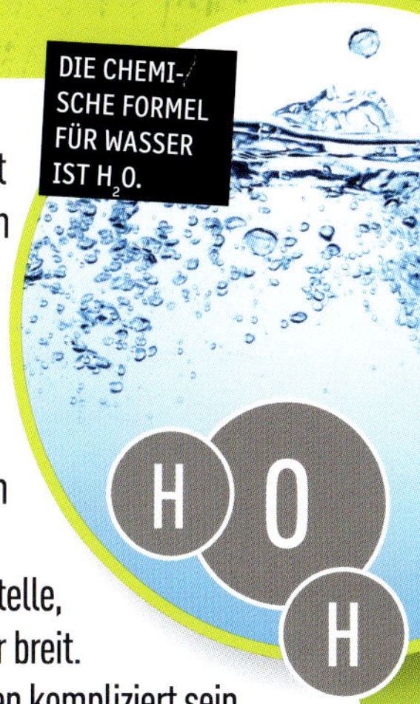

DIE CHEMISCHE FORMEL FÜR WASSER IST H_2O.

M DER ELEMENTE

- Metalle
- Halbmetalle
- Halogene
- Edelgase
- Lanthanoide
- Actinoide

Klasse Mineralien

Wir wissen nun, woraus Mineralien bestehen und wie man sie bestimmen kann. Nun sehen wir, wie man sie gruppiert bzw. klassifiziert.

Eine von Geologen häufig verwendete Systematik stammt von James Dwight Dana. 1813 geboren, wurde er Experte für Vulkane, Leben im Meer, die Entstehung von Bergen und den Ursprung und die Entstehung der Kontinente. Seine bedeutendste Leistung war die Entwicklung einer Systematik für Mineralien nach ihrer chemischen Zusammensetzung. Dahinter stand der Gedanke, dass Mineralien mit ähnlichem chemischen Aufbau eventuell unter ähnlichen Bedingungen von Temperatur und Druck entstanden sind. Er hielt es für möglich, dass man sie nahe beieinander finden konnte. Acht seiner großen Klassen sind:

1. Elemente: Mineralien aus nur einer Art von Atomen, die in Metalle, Halbmetalle und Nichtmetalle unterteilt werden
2. Sulfide: Mineralien aus Schwefel und Metallen
3. Oxide: Mineralien aus Sauerstoff und einem oder mehreren Metallen
4. Carbonate: Weiche Mineralien aus Metall, Kohlenstoff und Sauerstoff
5. Sulfate: Mineralien aus Metall, Schwefel und Sauerstoff
6. Phosphate: Mineralien aus Phosphor und Sauerstoff
7. Halogenide: Mineralien aus Halogenen und Metallen
8. Silicate: Mineralien aus Silicium und Sauerstoff, meist kombiniert mit Metallen.

Wenn wir uns nun die Mineralklassen näher anschauen, kannst du immer wieder einen Blick auf das Periodensystem werfen (siehe S. 46–47), um ein besseres Gefühl für die Elemente zu bekommen, die Mineralien bilden.

Elemente

Wir wissen bereits, dass Mineralien natürlich wachsen und nicht in einem Labor von Menschen hergestellt werden. Zwar können manche Mineralien in Laboren reproduziert werden, doch diese gelten nicht als echt. Die meisten Mineralien bestehen aus zwei oder mehr verschiedenen Elementen, manche jedoch nur aus einem. Solche Mineralien, die nur aus einer Art von Elementen bestehen, werden ebenfalls Elemente genannt. Sie reichen von seltenen und teuren Mineralien wie Gold und Diamanten bis zu häufigen Mineralien wie Kohle und Schwefel. Man teilt sie in drei Gruppen ein: Metalle, Halbmetalle und Nichtmetalle.

JAMES DWIGHT DANA KLASSIFIZIERTE MINERALIEN NACH IHRER CHEMISCHEN ZUSAMMENSETZUNG.

Metalle

Echte Metalle haben einen Metallglanz, sind relativ schwer und können zu flachen, dünnen Blättern gehämmert und geformt sowie zu dünnen Drähten gedehnt und gezogen werden. Metalle sind gute elektrische Leiter. Zu den Metallen zählende Elemente sind Aluminium, Kupfer, Gold, Blei, Quecksilber, Silber, Eisen Nickel, Platin, Zinn und Zink. Zwar bestehen die meisten Metalle nur aus einer Art von Atomen, doch gibt es auch natürliche Legierungen aus zwei oder mehr Elementen, wie etwa Messing.

FASZINIERENDE FAKTEN ÜBER ELEMENTE

MAMMUTKUPFER

MESSER UND GABELN, TEEKESSEL UND TÖPFE, OHRRINGE UND ARMREIFEN – all das lässt sich aus dem recht weichen, formbaren Kupfer herstellen. Aber Kupfer sieht nicht nur gut aus. Aus Kupfer werden auch Drähte gemacht, die unsere Wohnungen und Schulen mit Strom versorgen. Das größte Stück angeschwemmten Kupfers haben Gletscher von seinem Entstehungsort abtransportiert. Es wurde 1997 in Michigan (USA) von zwei Männern mit einem Metalldetektor entdeckt. Es wog rund 25 Tonnen, so viel wie fünf Elefanten!

DAS GRÖSSTE STÜCK ANGESCHWEMMTEN KUPFERS ALLER ZEITEN WURDE IN MICHIGAN (USA) ENTDECKT.

ANTIMON EINST UND JETZT

ANTIMON IST EIN BLAUWEISSES ELEMENT, das im alten Ägypten als Eyeliner verwendet wurde. Heute nutzt man es für Batterien und als Flammschutzmittel. Das meiste Antimon stammt aus China, doch seit über zehn Jahren wurden keine neuen Lagerstätten gefunden. Da es sich nicht im Labor herstellen lässt, sind die Vorkommen vielleicht bald erschöpft.

EIN ANTIKER ÄGYPTISCHER PAPYRUS ZEIGT, WIE ANTIMON ALS EYELINER BENUTZT WURDE.

KALTES FEUER

DER DEUTSCHE HENNIG BRAND ENTDECKTE 1669 DEN PHOSPHOR und nannte ihn „kaltes Feuer". Später erhielt Phosphor auch den Spitznamen „Element des Teufels", weil er explosiv ist und als 13. Element entdeckt wurde. Er erzeugt ein grünliches Licht, wenn er mit dem Sauerstoff der Luft in Berührung kommt, und wird daher auch in Leuchtfackeln eingesetzt.

TEILE DIESES KOMPASSES SIND MIT PHOSPHOR BESCHICHTET, DAMIT SIE IM DUNKELN LEUCHTEN.

PHOSPHOR LEUCHTET GRÜN.

Halbmetalle

Die Eigenschaften halbmetallischer Elemente liegen zwischen denen metallischer und nichtmetallischer Elemente. Zum Beispiel haben einige Halbmetalle einen starken Glanz. Andere sind matt. Halbmetallische Elemente leiten in der Regel Elektrizität, aber nicht so gut wie metallische Elemente. Zu den halbmetallischen Elementen zählen Arsen, Antimon und Silicium.

Nichtmetalle

Mit Ausnahme des Grafits, das glänzt und aus Kohlenstoff besteht, haben nichtmetallische Elemente wenig mit metallischen gemeinsam. Sie sind leicht und zumindest ein wenig durchsichtig. Sie sind meist brüchig und lassen sich nicht verformen. Zu den nichtmetallischen Elemente zählen Wasserstoff, Kohlenstoff, Stickstoff, Sauerstoff, Phosphor, Schwefel und Selen.

Sulfide

Die Sulfide bilden eine weitere Mineralgruppe. Sie bestehen aus Schwefel in Kombination mit mindestens einem Metall oder Halbmetall.

Schwefel ist überall um uns herum. Tatsächlich ist er eines der häufigsten Elemente im Universum. Er gelangt durch vulkanische Gase auf die Erde und tritt oft in der Nähe von Vulkanschloten auf. Schwefel ist hellgelb und geruchlos – es sei denn, er bildet Verbindungen, wie das explosive, giftige Gas Schwefelwasserstoff. Dann riecht es nach verfaulten Eiern. Der üble Geruch des Sekrets von Stinktieren sowie von Pupsern ist auf eine Form von Schwefel zurückzuführen. Manchmal riecht man Schwefel in Düngemitteln und im Schießpulver von Feuerwerkskörpern.

Schwefel sorgt jedoch nicht nur für Gestank und Explosionen. Man findet ihn auch in Medikamenten und Nahrung. Und Menschen baden in

EINE SILICIUMSCHEIBE LEITET STROM. SILICIUM WIRD IN VIELEN ELEKTRONISCHEN GERÄTEN VERWENDET.

MESSING IST EINE NATÜRLICHE LEGIERUNG, AUS DER INSTRUMENTE GEBAUT WERDEN.

DAS SULFID PYRIT WIRD KATZENGOLD GENANNT, WEIL ES DEM ECHTEN GOLD SEHR ÄHNLICH SIEHT.

schwefelhaltigen heißen Heilquellen. Schwefel wird dem Gummi zugesetzt, um es stärker und haltbarer zu machen. Aus diesem vulkanisierten Gummi werden Schläuche, Reifen, Bowlingkugeln und Hockeypucks hergestellt. Schwefel ist gelb, aber viele Sulfide sind bunt. Werfen wir einen Blick auf einige Mitglieder der Sulfidgruppe.

Das Sulfid Galenit besteht aus Blei und Schwefel und zählt zu den wichtigsten Bleilieferanten. Es hat einen metallischen Glanz, der an der Luft grau und stumpf wird. Es ist weich und das enthaltene Blei macht es dicht und schwer. Galenit lässt sich in drei Richtungen perfekt spalten und seine sechs- und achtseitigen Kristalle verleihen ihm eine fast quadratische geometrische Form. Galenit kann auch Silber enthalten und wird auch wegen des Silbergehalts abgebaut.

Wir haben bereits über Pyrit – Katzengold – gesprochen, das häufigste Sulfid der Erde. Es wird oft mit Gold verwechselt, sieht aber anders aus und verhält sich auch ganz anders. Zwar glänzen sowohl Gold als auch Pyrit gelblich, aber Gold ist goldgelb, Pyrit hell messingfarben. Pyrit hat eine grünlich schwarze Strichfarbe, Gold eine goldene aus Goldstaub. Gold ist ein wertvolles Edelmineral, Pyrit ist kaum etwas wert. Dennoch gibt es Pyritschmuck.

Der Name „Pyrit" leitet sich vom griechischen Wort *pyrein* für „brennen" ab. Schlägt man mit Metall darauf, sprüht es Funken, weshalb man damit Feuer machen kann. Pyrit wird auch zur Herstellung von Schwefelsäure verwendet und ist in Kohle enthalten. Verbrennt man schwefelhaltige Kohle, trägt das zum sauren Regen bei.

Cinnabarit ist ein Quecksilbersulfid, das man an aktiven Vulkanen und heißen Quellen findet. Seine leuchtend rote Farbe ist kaum zu übersehen. Wie viele kräftig gefärbte Dinge in der

SOGAR BOWLINGKUGELN ENTHALTEN EIN MINERAL: SCHWEFEL!

DAS QUECKSILBERSULFID CINNABARIT IST BLUTROT

IN DER BINGHAM CANYON MINE WERDEN KUPFERERZE ABGEBAUT – TÄGLICH 250 000 TONNEN RAFFINIERTEN KUPFERS! DAS IST MEHR, ALS 50 000 AFRIKANISCHE ELEFANTEN AUF DIE WAAGE BRINGEN!

DIE BINGHAM CANYON MINE IN DER NÄHE VON SALT LAKE CITY, UTAH (USA)

NACH SCHÄTZEN GRABEN

ERZE SIND MINERALIEN, DIE METALLE ENTHALTEN. Sie können aus dem Boden geholt und mit Gewinn verkauft werden. Viele dieser Mineralien sind Sulfide und Oxide. Beispiele für Erze sind das Sulfid Galenit, das Blei enthält, und das Oxid Hämatit, das Eisen enthält. Die Menschen gelangen an diese wertvollen Mineralien, indem sie Gruben graben oder mit Sprengstoff Minen bauen. Minen können unterirdische Tunnel, Tagebaue oder Steinbrüche sein. Auch ein Flussbett, in dem man nach Gold schürft, kann als Mine gelten.

Sobald das Erz aus dem Boden geholt ist, wird das wertvolle Metall durch Erhitzung, chemische oder elektrische Prozesse aus ihm herausgelöst. Schließlich wird das Metall zu Produkten wie elektronischen Geräten oder Schmuck verarbeitet und verkauft.

DAS ERZ GALENIT ENTHÄLT BLEI.

DER ROTE PLANET

DER MARS HEISST AUCH ROTER PLANET, weil er eine rötliche Farbe hat. Man hat herausgefunden, dass der Mars mit Hämatit bedeckt ist, das Eisen enthält und den Mars rot färbt. Auch grauer Hämatit wurde auf dem Mars entdeckt. Auf der Erde findet man grauen Hämatit häufig in stehenden Gewässern oder heißen Quellen. Deshalb ist der graue Hämatit auf dem Mars für manche Forscher der Beweis, dass es dort einst Wasser gab, die Voraussetzung für Leben. Vielleicht spazierten vor langer, langer Zeit also einmal Marsmenschen auf dem Mars umher.

DIESER GRAUE HÄMATIT AUF DEM MARS KÖNNTE DER BEWEIS DAFÜR SEIN, DASS ES EINST AUF DEM ROTEN PLANETEN WASSER GAB.

Natur ist Cinnabarit giftig. Deshalb dient er nicht mehr der Zierde, obwohl er als Edelstein und Bestandteil von Farben beliebt war.

Cinnabarit entsteht auf Gesteinen, und zwar häufiger in Clustern als in Form von Kristallen. Die Cluster sind mattrot, nicht leuchtend rot wie die glänzenden Kristalle. Als Quecksilbersulfid wird Cinnabarit wegen des Quecksilbergehalts abgebaut. Um dieses herauszulösen, wird Cinnabarit in einem Ofen erhitzt, bis das Metall als Dampf austritt und zu flüssigem Quecksilber kondensiert. Wie du dich erinnerst, ist Quecksilber als einziges Mineral bei Raumtemperatur flüssig. (Gut, Eis auch, aber das ist bei Raumtemperatur Wasser, und Wasser ist kein Mineral.)

Oxide

Die nächste Mineralgruppe sind die Oxide. Oxide sind Verbindungen von Sauerstoff und einem oder mehreren metallischen Elementen. Oxide bilden sich, wenn ein Element mit Sauerstoff reagiert. Das ist als Oxidation bekannt. Es gibt sehr viel Sauerstoff auf der Erde, und er kann sich mit so vielen Elementen verbinden, dass Oxide in vielen verschiedenen Formen auftreten. Sie können weich oder hart sein, glanzlos oder transparent. Sie können sogar einige der farbenfrohsten, funkelndsten und auffälligsten Mineralien der Erde bilden. Hämatit, Cuprit und Rutil sind alle Oxide.

Hämatit ist ein Eisenoxid. Wirtschaftlich gesehen ist es eines der wichtigsten Eisenerze, aber es wird auch für andere Zwecke verwendet. Es diente in der Geschichte sogar als Pigment. Im alten Ägypten wurden mit Hämatit Hieroglyphen geschrieben. Genau wie Oxide können Hämatitmineralien ganz unterschiedlich aussehen. Sie können glänzend oder matt sein und ihre Farben reichen von Rot und Braun bis zu Grau und Silber. Hämatit nimmt viele Formen an, auch faserig und nadelförmig. Eines bleibt jedoch gleich, unabhängig von Form oder Farbe des Minerals: Sein Strich hat immer einen Rotton. Hämatit ist nach der griechischen

MIT HÄMATIT GESCHRIEBENE ALTÄGYPTISCHE HIEROGLYPHEN

ZWEI IN EINEM!

MALACHIT AND AZURIT SIND CARBONATE, die man oft zusammen findet, manchmal sogar mit ihren grünen und blauen Kristallen. Die Kombination wird Azurmalachit genannt. Beide Carbonate sind Kupfererze. Malachit erhält seine grüne Farbe vom Kupfer. Die auffällige Bänderung im Malachit entsteht durch kleine, dichte und faserige nadelförmige Kristalle. Es lohnt sich nicht mehr, Malachit wegen des Kupfers abzubauen, weil er zu wenig davon enthält. Aber er wird für schönen Schmuck und andere dekorative Stücke geschliffen. Malachit enthält kaum Kristalle und sieht runder aus als Azurit, der Kristalle bildet. Azurit ist von so auffälliger Farbe, dass der Blauton Azur nach ihm benannt wurde.

AZURMALACHIT BESTEHT AUS ZWEI KUPFERERZEN: AZURIT UND MALACHIT.

NAHAUFNAHME EINES GRÜNEN KUPFERERZES

Bezeichnung *haimatites lithos* benannt, was „blutroter Stein" bedeutet.

Cuprit ist ein Kupferoxid und, wenig überraschend, ein Kupferlieferant. Cuprit ist rot mit ziegelroter Strichfarbe. Manchmal ist sein Rot jedoch so dunkel, dass es schwarz aussieht.

Verschiedene Cuprit-Varietäten bilden Kristalle unterschiedlicher Form. Die Cuprit-Varietät Chalkotrichit bildet nadelartige, faserige Kristalle, die fusselig wirken.

Rutil ist ein Titanoxid und ein Titanerz. Titan ist leicht und stark und wird für die Herstellung von Brillengestellen und medizinischen Geräten verwendet.

Rutil kann viele Formen haben und seine Farben reichen von Dunkelrot über Gelb bis zu Silber, das wie ein Spiegel wirkt. Rutil bildet oft nadelförmige Muster im Inneren eines wachsenden Kristalls. Das bekannteste Beispiel ist der Sternsaphir, ein Saphir mit einem Stern in der Mitte. Das im Saphir eingeschlossene Rutil lässt die Sternform entstehen.

LEICHTE TITANERZE SIND PRIMA FÜR GOLFSCHLÄGER.

Carbonate

Alle Mineralien der Gruppe der Carbonate bestehen aus einem mit drei Sauerstoffatomen verbundenen Kohlenstoffatom. Diese tun sich mit einem oder mehreren Metallen zusammen. Die meisten Carbonate sind transparent oder hell und weich. Viele lösen sich in Wasser auf und sprudeln bei Kontakt mit manchen Säuren.

Noch mehr überrascht wohl, dass das Meerwasser reich an Carbonaten ist und Meerestiere wie Schnecken und Muscheln sie zum Bau ihrer Gehäuse und Schalen nutzen.

Man teilt die Carbonate in drei Untergruppen ein: Kalkspat, Dolomit und Aragonit. Werfen wir einen Blick auf einige Beispiele aus jeder Kategorie.

MEERESTIERE WIE DIESE RIESEN-MUSCHEL BAUEN MIT CARBONATEN AUS DEM MEERWASSER IHRE SCHALEN.

Kalkspat

Kalkspat, ein häufiger vorkommendes Mineral, wird von Menschen auf vielfältige Weise genutzt. So mischen wir es unter Düngemittel, um Säure im Boden zu neutralisieren. Das enthaltene Calcium wird in der Medizin verwendet und das weiße Pigment in Farben.

Um herauszufinden, ob ein Mineral Kalkspat ist, gießt du etwas Essig darüber. Bei Kalkspat löst die Säure das Calciumcarbonat im Mineral auf und setzt Kohlendioxid in Form von Blasen frei.

Mineralien dieser Gruppe sind z. B. Kalkspat, Gaspeit, Magnesit, Otavit, Rhodochrosit, Siderit, Smithsonit und Sphaerocobaltit.

Dolomit

Was passiert, wenn du das Magnesium aus dem Dolomit entfernst? Du bekommst ein Mineral, das dem Feldspat sehr ähnlich ist. Ein großer Unterschied ist jedoch, dass Dolomit kein Calciumcarbonat enthält. Daher sprudelt es nicht wie Feldspat, wenn du Essig daraufgießt. Dolomitkristalle sind insofern ungewöhnlich, als dass sie sich in Form eines Sattels zusammenschließen. Aus Dolomit werden Ziegel, Glas und Keramik hergestellt. Weitere Mineralien der Dolomitgruppe sind Ankerit, Bentonit, Dolomit, Huntit, Kutnohorit, Minrecordit und Norsethit.

Aragonit

Aragonit und Feldspat haben dieselbe chemische Formel. Der Unterschied liegt jedoch in der Struktur ihrer Kristalle. Aragonit mit seinen nadelförmigen, pyramidenartigen Kristallen hat eine interessantere Form als Feldspat. Aber Aragonit ist weniger stabil. Mit der Zeit zerfallen seine Kristalle und es wird zu Feldspat. Zur Aragonitgruppe gehören auch Aragonit, Cerussit, Strontianit und Witherit.

GASPEIT IST EIN BEISPIEL FÜR EIN FELDSPATMINERAL.

Sulfate

Schwefel und Sauerstoff verbinden sich mit mindestens einem anderen Element zu einem Sulfat. Sulfate befinden sich normalerweise nahe der Erdoberfläche und wirken in der Regel blass bis durchscheinend mit einem Glasglanz.

Die Gruppe der Sulfate ist groß, aber die meisten ihrer Mineralien sind wenig verbreitet. Zu ihren bekanntesten zählen Gips, Baryt und Anhydrit.

Gips ist ein Calciumsulfat, eine Verbindung aus Calcium, an Sauerstoff gebundenem Schwefel und Wasser. Es ist oft Teil von dem, was übrig ist, wenn Seen und Meere verdunstet sind.

Gips ist normalerweise farblos, kann aber weiß oder andersfarbig sein, wenn er Verunreinigungen enthält. Gips wird als Baustoff verwendet und auch zur Herstellung von Verbandgips bei Knochenbrüchen.

Das Sulfat Baryt ist das Haupterz des Metalls Barium. Es tritt in vielen Farben und unterschiedlichen Kristallformen auf und ist schwer und dicht für ein nichtmetallisches Mineral. Es hat ein spezifisches Gewicht von 4,5.

Baryt kann in Lücken zwischen Sandkörnern und in Sedimentgestein wachsen und ungewöhnliche Formen bilden. Sie ähneln oft Blumen und werden als Baryt-Rosen bezeichnet.

Anhydrit, ein Calciumsulfat, wird oft mit Gips verwechselt. Kein Wunder: Beide unterscheidet nur, dass Gips Wasser enthält und Anhydrit nicht. Sein Name leitet sich von dem griechischen Wort *anhydros* ab, das „ohne Wasser" bedeutet.

EINE BARYT-ROSE, DIE SICH IN SEDIMENTGESTEIN GEBILDET HAT

DIE WEISSEN SANDDÜNEN VON CUATRO CIÉNEGAS IN COAHUILA (MEXIKO) ENTHALTEN GIPS.

Phosphate

Phosphate haben oft leuchtende Farben, sind schwer, relativ hart und brüchig. Ihre Basis sind Phosphor und Sauerstoff. Am häufigsten dienen Phosphate als Dünger, da sie den Boden mit Nährstoffen anreichern, damit die Pflanzen gesund bleiben.

Türkis ist mit seinen bläulichen Grüntönen eines der schönsten Phosphate. Das Phosphat Pyromorphit kristallisiert schnell und Wavellit nimmt interessante Kristallformen an.

Türkis wird zur Herstellung von Schmuck und dekorativen Gegenständen benötigt. Seit Jahrhunderten wird er in vielen Kulturen auf diese Weise verwendet. Das Kupfer, das Aluminium und das Phosphat, aus denen Türkis entsteht, waren zuvor Bestandteile anderer Mineralien. Deshalb gilt Türkis als sekundäres Mineral.

Pyromorphit ist ein weiches, dichtes Blei-Phosphat, das manchmal wegen seines Bleigehalts abgebaut wird. Es ist meist hellgrün, kann aber auch weiß, grau, braun oder gelb gefärbt sein. Seine Kristalle sind in der Regel wie Tonnen geformt und bilden sich in Massen.

Der Name des Pyromorphit kommt aus dem Griechischen: *Pyrein*, „brennen", und *morphe*, „Gestalt", weisen darauf hin, dass er aus geschmolzenem Zustand schnell kristallisiert.

Wavellit ist ein Aluminiumphosphat. Seine nadelförmigen Kristalle sind radspeichenähnlich angeordnet, was sichtbar wird, wenn man das Mineral zerbricht. Es ist hell- bis dunkelgrün.

RADSPEICHENÄHNLICHE KRISTALLE AN DER BRUCHFLÄCHE VON WAVELLIT

DAS PHOSPHAT TÜRKIS WIRD OFT ALS SCHMUCK VERWENDET.

DER GRÜNE PYROMORPHIT BESITZT TONNENFÖRMIGE KRISTALLE.

HALITFORMATIONEN – AUCH ALS SALZ BEKANNT!

DAS WASSER IM TOTEN MEER IST SO SALZIG, DASS HALITKRISTALLE BEIM VERDUNSTEN DES WASSERS GROSSE SALZSAULEN IM WASSER BILDEN.

SALZFORMATIONEN IM TOTEN MEER IN ISRAEL

Halogenide

Mineralien in der Gruppe der Halogenide bestehen aus einem metallischen Element, das mit Brom, Chlor, Fluor oder Jod verbunden ist. Die meisten Halogenide sind weich, von geringem spezifischem Gewicht und transparent. Das Halogenid Halit kennst du: In den meisten Haushalten ist es ein alltägliches Gewürz. Die Halogenide Fluorit und Atacamit runden unseren Blick auf diese Mineralgruppe ab.

Halit besteht aus Natrium und Chlor – du kennst es als Salz. Viele Halogenide sind wasserlöslich und Halit ist keine Ausnahme. Wenn salziges Meerwasser verdunstet, kristallisiert Halit zu einem festen Mineral. Aber es eignet sich nicht nur als Gewürz. Man streut es auf eisglatte Straßen und Gehwege, damit niemand ausrutscht, es dient zur Konservierung von Lebensmitteln und ist ein wichtiger Nährstoff, den wir brauchen, um gesund zu bleiben. Es hilft uns, unser Essen zu verdauen, und lindert Halsschmerzen, wenn wir es in Wasser auflösen und damit gurgeln.

Fluorit besteht aus Calcium und Fluor. Es ist zwar nicht so vielseitig verwendbar wie Halit, tritt aber in vielen Farben auf. Seine transparenten Kristalle enthalten oft Verunreinigungen durch andere Elemente, was Fluorit zu einem der buntesten Mineralien überhaupt macht. Es tritt in Violett, Blau und vielen anderen Farben auf.

BUNTE FLUORIT-KRISTALLE

Manche der leuchtenden Farben schimmern so stark, dass sie tatsächlich leuchten: Sie sind fluoreszierend. Dieses Wort leitet sich vom Fluorit ab, das unseren Vorfahren als einer der ersten fluoreszierenden Stoffe ins Auge fiel. Manche Fluorite leuchten sogar, wenn sie erhitzt werden.

Besuche einmal die Blue John Cavern im englischen Derbyshire, eine eindrucksvolle Höhle. Sie ist einer der wenigen Orte der Erde, wo man den blau-violett-gelb gebänderten Blue-John-Fluorit findet. Die Höhle wurde vor etwa 2000 Jahren von den Römern entdeckt. Der Blue-John-Fluorit ist etwas Besonderes, sodass er mit Brechstange und Meißel abgebaut wird – Sprengen verboten!

Atacamit ist ein Kupferhalogenid, das entsteht, wenn Kupfer Sauerstoff ausgesetzt ist. Er bildet sich an trockenen, wüstenartigen Stellen und ist nach der Atacama-Wüste in Chile benannt, einer der trockensten Regionen der Welt. Atacamit gibt es in allen Grüntönen. Sein Strich ist apfelgrün. Er ist recht selten und wird vor allem als Schmuck verwendet.

Silicate

Mineralien der Silicatgruppe bestehen aus Silicium, Sauerstoff und einem oder mehreren weiteren Elementen, darunter meist ein Metall. Silicium und Sauerstoff machen etwa 95 Prozent von oberem Erdmantel und Kruste aus und sind die häufigsten Elemente der Erde. Kein Wunder, dass die Silicatgruppe mehr Mineralien enthält als jede andere. Die Quarze sind ihre Stars, vor allem, weil sie am leichtesten zu erkennen sind.

Da es sich um eine so große Gruppe handelt, werden die Silicate nach ihrem Aufbau aus SiO_4-Tetraedern in Untergruppen eingeteilt. Die vier

LEUCHTEN IM DUNKLEN

WAS GESCHIEHT, WENN du ein fluoreszierendes Mineral in einem dunklen Raum mit ultraviolettem Licht (UV-Licht) anstrahlst? Es leuchtet! Wir haben bereits das fluoreszierende Mineral Fluorit gesehen. Weitere Beispiele sind Adamit und Gips. Sogar manche Geoden fluoreszieren.

Unter UV-Licht, auch Schwarzlicht genannt, leuchten fluoreszierende Mineralien in spektakulären, hellen Farben, Fluorit z. B. blau und violett. Das Leuchten stammt von Elementen in den fluoreszierenden Mineralien, den Aktivatoren, die auf UV-Licht reagieren.

Wir können UV-Licht nicht sehen, da es eine für das menschliche Auge unsichtbare Wellenlänge hat. Aber wir können seine Wirkung erkennen. UV-Licht wird von fluoreszierenden Mineralien absorbiert und mit anderer Wellenlänge abgegeben. So entsteht eine Farbe, die wir sehen können. Manche Mineralien fluoreszieren so stark, dass man sie nur in die Sonne halten muss, damit ihre Aktivatoren im Schatten leuchten.

ADAMIT LEUCHTET, WENN DU IHN MIT ULTRAVIOLETTEM LICHT ANSTRAHLST.

CALCIT LEUCHTET UNTER ULTRAVIOLETTEM LICHT ROT, WILLEMIT GRÜN UND FRANKLINIT IST SCHWARZ.

Sauerstoffatome umgeben das eine Siliciumatom und bilden die Form einer dreieckigen Pyramide, die Tetraeder genannt wird. Ihre Anordnung bestimmt, in welche Untergruppe das Mineral eingeordnet wird. Das Tetraeder kann auf sechs Arten angeordnet sein: einfach, doppelt, in Ketten, Schichten, dreidimensionalen Gerüsten oder Ringen. Danach werden die Silicate in sechs Untergruppen eingeteilt:

1. Ringsilicate
2. Kettensilicate
3. Inselsilicate
4. Schichtsilicate
5. Gruppensilicate
6. Gerüstsilicate

Ringsilicat-Tetraeder bilden einen Ring. Beryll ist ein Beispiel dafür: ein sechseckiger, glasartiger Kristall, der in vielen Farben auftritt. Je nach Farbe heißt Beryll anders, etwa Smaragd oder Aquamarin.

Kettensilicat-Tetraeder bilden Einzel- oder Doppelketten, wie etwa Jadeit. Du kennst dieses Mineral vielleicht unter dem Namen Jade. Was wir jedoch ungenau Jade nennen, kann eine Kombination mehrerer Mineralien sein. Nur Jadeit ist echte Jade.

Jade ist seit der Antike in der chinesischen Kultur von Bedeutung. Seit Jahrtausenden wird sie auf der ganzen Welt zu Schmuck und dekorativen Stücken verarbeitet. Sie ist jedoch nicht grün, sondern weiß. Auch hier sind es Verunreinigungen, die dem Jadeit seine Farben geben, von Violett über Gelb bis zu Grün.

Inselsilicate werden von nur einem Tetraeder gebildet, daher ihr Name. Von allen Silicaten haben sie die einfachste Struktur. Topas ist ein Beispiel. Er hat große, prismenförmige Kristalle. Meist ist er goldgelb, doch kann er auch braun, rot, rosa oder grau sein. Man verwendet ihn für Schmuck und andere dekorative Objekte.

Bei Schichtsilicaten sind die Tetraeder in Schichten angeordnet. Die Mineralien dieser Gruppe sind oft weich und schuppig. Das weichste Mineral mit Härte 1 ist ein Schichtsilicat: Talk. Für ihn gibt es viele Verwendungsmöglichkeiten, etwa als Labortischplatte und als Füllstoff in Kunststoffen und Farben.

Gruppensilicate werden von zwei Tetraedern gebildet. Dies ist die kleinste Silicat-Untergruppe. Die meisten ihrer Mineralien sind selten. Hemimorphit besteht aus Kristallen mit zwei verschiedenen Enden: Eines ist flach, das andere rund oder spitz. Das abgerundete Ende kann kugelig und klumpig aussehen, wie eine Traube.

Etwa 75 Prozent der Erdkruste bestehen aus Gerüstsilicaten, die aus einem starken Gerüst von Molekülen bestehen. Quarz, eines der häufigsten Mineralien, ist ein Gerüstsilicat. Er kommt in allen

DAS INSELSILIKAT TOPAS WIRD OFT ALS SCHMUCK VERWENDET.

HIER WIRD GRÜNE JADE MIT ORNAMENTEN VERZIERT.

Regenbogenfarben vor, je nachdem, welche anderen Elemente oder Verunreinigungen er enthält. Violetter Quarz, bekannt als Amethyst, erhält seine Farbe von etwas Eisen und Mangan, die dem Mineral beigemischt sind. Amethyst findet man häufig in Geoden. Sand besteht zumeist aus Quarz, und eine Quarzart, Feuerstein genannt, wurde von amerikanischen Ureinwohnern zu Pfeilspitzen verarbeitet.

Edelsteine

Farbe und Licht lassen Edelsteine funkeln. Wir schmücken damit Kunstobjekte, Möbel, Waffen (als Zeichen hohen Rangs) und uns selbst. Es sind Mineralien, deren Schönheit verzaubert. Aber wenn du auf Edelsteinsuche gehst, schaue nicht nach leuchtenden Farben oder Glanz. Rohe Edelsteine sind nämlich unscheinbar. Erst Schleifen und Polieren macht sie so besonders.

Was ist ein Edelstein? Einfach ein seltener Stein aus einem oder mehreren Mineralien. Die Menschen lieben Edelsteine wegen ihrer Schönheit. Man unterscheidet zwei Kategorien: Edelsteine und Halbedelsteine. Edelsteine genießen ein hohes Ansehen und sind viel Geld wert, Halbedelsteine werden weniger geschätzt und sind weniger kostbar. Die Liste der wertvollsten Edelsteine ist kurz – Diamanten, Smaragde, Rubine und Saphire.

ROHE SMARAGDE LASSEN SICH ZU EDELSTEINEN SCHLEIFEN.

Manche Gemmologen – Wissenschaftler, die Edelsteine untersuchen – zählen auch Perlen und Opale zu den Edelsteinen. Perlen sind jedoch biologischen Ursprungs, sie werden von lebenden Muscheln hergestellt. Definitionsgemäß sind es also keine Mineralien. Opale haben keine Kristalle, werden also von manchen Wissenschaftlern auch nicht als Mineralien betrachtet. Organischen Ursprungs sind Bernstein als verfestigtes Harz, Korallen, Sanddollars, Gagat und versteinerte Dinosaurierknochen. Mittlerweile werden diese Stoffe aber wie andere Mineralien nach physikalischen Eigenschaften kategorisiert. Speziallabore auf der ganzen Welt leben davon, organische edelsteinähnliche Stoffe zu klassifizieren und ihre Qualität zu bewerten.

SCHWARZER GAGAT

GAGAT IST EIN EDELSTEIN ORGANISCHER HERKUNFT. Er ähnelt ein bisschen der Kohle, weil er ursprünglich aus Holz bestand. Das Holz wurde unter Sedimenten vergraben und über Tausende von Jahren wurde es unter Druck zu einem Edelstein, der geschliffen und poliert eine tiefschwarze Farbe erhält.

POLIERTER GAGAT IST GLATT UND HAT GLANZ.

ROHER GAGAT SIEHT FAST WIE DAS HOLZ AUS, DAS ER EINMAL WAR.

MODERNE GEBURTSSTEINE

JEDEM MONAT IST EIN EDELSTEIN ALS SCHUTZSTEIN ZUGEORDNET. Diese Tradition ist Jahrhunderte alt. Im Laufe der Zeit hat sich die Bedeutung der Steine jedoch geändert. Früher glaubte man, dass Edelsteine heilende Eigenschaften haben. Trugen Menschen den entsprechenden Edelstein in ihrem Geburtstagsmonat, sollten dessen heilende Eigenschaften verstärkt werden. Inzwischen hat sich die Liste der Steine verändert. Für manche Monate gibt es mehrere, weil manche Edelsteine zu selten oder nicht beliebt sind. Hier sind die heutigen Geburtssteine:

JANUAR: GRANAT
STEHT FÜR VERTRAUEN, FREUNDSCHAFT. SOLL MENSCHEN AUF REISEN SCHÜTZEN.

APRIL: DIAMANT
STEHT FÜR LIEBE, EHE, MUT.

MAI: SMARAGD
STEHT FÜR WIEDERGEBURT, FRUCHTBARKEIT, GESUNDHEIT, TREUE, WEITSICHT, JUGEND, GLÜCK.

AUGUST: PERIDOT
STEHT FÜR STÄRKE; SOLL VOR ALBTRÄUMEN, SÜNDEN UND VERZAUBERUNG SCHÜTZEN.

SEPTEMBER: SAPHIR
STEHT FÜR WEISHEIT, REINHEIT, GLAUBEN. SOLL LIEBENDE VOR UNGLÜCK SCHÜTZEN.

PROBIER'S AUS!

KRISTALL-LUTSCHER

Sieh Kristallen beim Wachsen zu und verwöhne dich mit einer Leckerei! Ein Erwachsener soll dir dabei helfen, weil du mit kochendem Wasser arbeitest. Das Ergebnis deines Experiments kannst du essen.

BITTE EINEN ERWACHSENEN, DIR BEIM UMGANG MIT DEM KOCHENDEN WASSER ZU HELFEN.

ZUCKER

Du brauchst:

1 Glasgefäß oder Trinkglas

1 Stück Schnur (nicht aus Nylon) oder Garn, kürzer als das Glas hoch ist

1 Bleistift

1 Tasse (235 ml) Wasser

1 Topf

1 Kochlöffel

3 Tassen (600 g) Zucker

Lebensmittelfarbe (optional)

So geht es:

1. **Binde die Schnur um die Mitte des Bleistifts.** Prüfe, ob die Schnur im Glas hängt, ohne den Boden oder die Wände zu berühren, wenn der Bleistift quer über dem Glas liegt. Nimm den Bleistift mit der Schnur wieder weg.

2. **Bitte einen Erwachsenen,** das Wasser in den Topf zu gießen, ihn auf den Herd zu stellen und das Wasser zum Kochen zu bringen.

3. **Verringere die Temperatur der Herdplatte.** Köchelt das Wasser, rühre den Zucker nach und nach langsam hinein, sodass er sich auflöst. Löst er sich nicht mehr auf, ist die Flüssigkeit gesättigt. Mach dies unter Aufsicht eines Erwachsenen.

4. **Füge unter Aufsicht eines Erwachsenen ein paar Tropfen Lebensmittelfarbe hinzu,** wenn dein Lutscher farbig sein soll, und rühre die Zuckerlösung um.

5. **Bitte einen Erwachsenen, die Lösung aus dem Topf in das Glas zu gießen.** Gehe einige Schritte zurück und sei vorsichtig, denn das Wasser ist kochend heiß.

6. **Lege den Bleistift quer über das Glas,** sodass die Schnur in der Lösung hängt. Sie darf die Wand und den Boden des Glases nicht berühren.

7. **Stelle dein Glas an einen Ort,** wo es nicht angestoßen wird oder Staub ausgesetzt ist.

Aufgepasst: Ist dein Glas nicht vollkommen sauber oder sind unaufgelöste Zuckerkristalle vorhanden, wächst dein Lutscher auf der Verunreinigung und dem nicht aufgelösten Zucker statt auf der Schnur.

8. **Lass deinen Kristalllutscher ungestört ein paar Tage lang wachsen.** Schau hin und wieder nach, ob du sehen kannst, wie sich die Kristalle entwickeln. Hört dein Kristalllutscher auf zu wachsen oder hat er deine Wunschgröße erreicht, nimm ihn aus dem Glas, lege ihn auf einen Teller und lass ihn trocknen. Sobald er fest ist, kannst du ihn essen!

HOHE SÄULEN AUS BASALT IM NATURPARK SANTA MARÍA REGLA IN HUASCA DE OCAMPO (MEXIKO). DIE PRISMAFORMEN ENTSTANDEN BEIM LANGSAMEN ABKÜHLEN DER LAVA.

EINLEITUNG

ICH FORSCHE IN DEN UNGEWÖHNLICHSTEN ECKEN DER WELT.

Das ist das Schöne am Beruf des Geophysikers. Zumeist reise ich mit einem Team von Wissenschaftlern. Wir bauen Instrumente auf, die uns Informationen über unser Forschungsobjekt liefern.

DR. SARAH STAMPS

Einmal waren wir im Serengeti-Nationalpark in Tansania (Afrika). Wir hatten die Serengeti-Steppe den ganzen Tag lang nach einem Fels abgesucht, der für unsere Messungen geeignet war. Wir wollten die Bewegungen der Erdkruste und der tektonischen Platten messen und suchten daher einen Felsen, der sehr tief in die Erde reichte. Wir wollten die Bewegungen der Erdkruste erfassen, nicht die der Erdschicht oder des Sediments, in dem der Fels lag. Schließlich fanden wir ein hartes metamorphes Gestein, einen Gneis, das aus dem Untergrund ragte. Wir stellten unsere Instrumente auf – GPS-Antenne, GPS-Empfänger, Solarmodul, Batterie und die Geräte, die alles miteinander verknüpften. Nun mussten wir einen Ort finden, wo wir bleiben konnten, während wir die Daten sammelten. Wir sahen uns ein Haus an, das für Wissenschaftler vorgesehen war. Mein Team ging hinein und ich betrat es als Letzte.

Aber ich wurde verfolgt – von einem Pavian, einem richtig großen! Er maß sicher über 1m. Nicht gerade die Art von Tier, mit der man sich anlegen möchte.

Er marschierte ins Haus, stellte sich auf und starrte mich an. Mein erster Gedanke war, ihn wegzujagen. Ich ging auf ihn zu, um zu sehen, ob ich ihm Angst einflößen konnte. Das war vielleicht nicht die beste Idee, aber ich probierte es. Er zuckte zusammen, aber dann starrte er mich in Grund und Boden. *Okay, was mache ich jetzt?*, dachte ich. Da entdeckte ich einen Besen, packte ihn und rannte damit auf den Pavian zu. Endlich ergriff er die Flucht.

Als wir wieder zu unserem Auto kamen, trauten wir unseren Augen nicht. All unser Essen war von der Bande des Riesenpavians gestohlen worden. Ihr Anführer war ins Haus gekommen, um uns abzulenken, während die anderen Paviane unseren ganzen Proviant klauten!

Zum Glück ließen wir uns davon nicht abschrecken. Die Information, die wir bei den Messungen des Gneises sammelten, war hochinteressant. An vielen Orten Tansanias maßen wir Erdbewegungen in Ost-West-Richtung. Das passte zu unserem Wissen über Afrikas Plattentektonik. Unsere GPS-Messungen aus der Serengeti zeigen jedoch eine seltsame Bewegung nach Norden, die wir immer noch zu erklären versuchen.

SOLCHEN STEPPENPAVIANEN BEGEGNET MAN IN GANZ TANSANIA.

FÜR IHRE **FORSCHUNG** SUCHT DR. STAMPS **GRUNDGESTEIN** – FELS, DER SEHR TIEF HINUNTER IN DIE ERDE REICHT.

DER SERENGETI-NATIONALPARK IN TANSANIA (AFRIKA), WO DR. STAMPS MIT IHREM TEAM GEFORSCHT HAT

69

BEI DEM WORT GESTEIN DENKST DU VIELLEICHT AN EINEN MATTEN GRAUEN ODER BRAUNEN STEIN.

Schaust du aber genauer hin, entdeckst du bei verschiedenen Gesteinen vielleicht Unterschiede in der Oberfläche (ist sie rau oder glatt?), der Farbe und sogar der Härte.

Diese Merkmale sind Hinweise auf die Geschichte eines Gesteins. Und weil Gesteine Teil der Erde sind, erfahren wir über sie auch etwas über die Erdgeschichte.

Wir wissen bereits, dass es drei Gesteinsarten gibt. Magmatisches Gestein entsteht durch Abkühlen von Magma und Lava. Sedimentgestein besteht aus winzigen Stücken anderer Gesteine der Erdkruste. Und metamorphes Gestein bildet sich tief in der Erde, wo Hitze und Druck bestehendes Gestein in neue, andere Gesteinsarten umwandeln. Die Erdkruste besteht zu 95 Prozent aus magmatischem und metamorphem Gestein, doch 75 Prozent der Erdoberfläche sind Sedimentgesteine.

Magmatisches Gestein

Alle Steine der Erde begannen als magmatisches Gestein durch Abkühlen und Aushärten von glühend heißem Magma aus dem Erdmantel. Magma glühend heiß zu nennen ist nicht übertrieben. Es erreicht Temperaturen von 600 bis 1315 °C, was in etwa der Temperatur von Feuer entspricht. Manches Feuer, z. B. eine Kerzenflamme, wird sogar heißer. Magma besteht nicht nur aus geschmolzenem Gestein, sondern enthält auch feste Steine, Mineralien und Gase, die sich in heiße Masse aufgelöst haben.

Magmatisches Gestein wird in zwei große Kategorien unterteilt, je nachdem, in welchem Bereich der Erde es entstanden ist. Intrusivgestein (auch Plutonit oder Tiefengestein genannt) bildet sich unterirdisch. Es kühlt sehr langsam ab, über Tausende oder sogar Millionen von Jahren. Dadurch haben die Kristalle Zeit zu wachsen, bevor das Gestein hart wird. Größere Kristalle ergeben ein körnigeres Gestein mit groberer Oberfläche, etwa Granit. Extrusivgestein (auch Vulkanit oder Ergussgestein genannt) wird auf die Erdoberfläche ausgeworfen und kühlt innerhalb weniger Tage oder Monate ab. Das gibt den Kristallen kaum Zeit zu wachsen. Sie bleiben klein und geben dem Gestein eine feinere Körnung mit einer glatten Oberfläche, wie bei Basalt.

Nun haben wir eine Vorstellung davon, was Intrusiv- und Extrusivgesteine sind, und werfen einen Blick auf einige Gesteinsarten dieser Kategorien.

EINE BÜSTE VON PLUTO, DEM RÖMISCHEN GOTT DER UNTERWELT, NACH DEM DAS „PLUTONIT" BENANNT WORDEN IST

Intrusivgestein (Plutonit)

Intrusivgestein (bzw. Plutonit nach Pluto, dem römischen Gott der Unterwelt) entstehen langsam unterirdisch beim Abkühlen von Magma. Sie haben oft eine raue Oberfläche und große Kristalle, die du ohne Mikroskop erkennst. Erst wenn sie von einem Vulkan ausgespuckt oder durch Verwitterung oder Erosion freigelegt werden, kommen sie ans Tageslicht.

DIE INTERESSANTEN GESTEINSFORMATIONEN DES GIANT'S CAUSEWAY ENTSTANDEN VOR 60 MILLIONEN JAHREN, ALS MAGMA DURCH RISSE IN DER ERDKRUSTE NACH OBEN DRANG.

DIE MEISTEN BASALTSÄULEN DES GIANT'S CAUSEWAY („DAMM DES RIESEN") IN NORDIRLAND HABEN EINE SECHSECKIGE FORM.

DER „GIANT'S CAUSEWAY"

EINE IRISCHE LEGENDE ERZÄHLT, dass Menschen mit Hacken und Schaufeln die rund 40 000 meist sechseckigen Stufen und Säulen an der Küste des County Antrim in Nordirland gebaut haben. Oder hatte der Riese Finn McCool diese Stufen ins Meer gebaut, um gegen den schottischen Riesen Benandonner zu kämpfen? Beide Geschichten erschienen einleuchtend. Wie sonst konnten diese fast perfekten, dicht gereihten Säulen entstanden sein? Dann bewies die Wissenschaft, dass sie ein Werk der Natur waren.

Vor etwa 60 Millionen Jahren wurde in der Gegend des heutigen Nordirland Magma zwischen die Ränder sich bewegender tektonischer Platten gedrückt. An der Erdoberfläche kühlte es schnell ab. Wasser sickerte hinein, verursachte Risse und formte diese erstaunlichen Säulen aus Basalt, einem magmatischen Gestein. Einige Säulen sind 12 m hoch, so hoch wie ein vierstöckiges Haus.

EINER KELTISCHEN SAGE ZUFOLGE WAR FINN McCOOL EIN KRIEGER.

BIOTIT, EIN GLIMMER, DER AUCH GRANIT SCHWARZ SPRENKELT, HAT BLÄTTCHENFÖRMIGE KRISTALLE, DIE WIE DIE BLÄTTER EINES SCHREIBBLOCKS ANGEORDNET SIND.

DIE MEISTEN MINERALIEN DER ERDKRUSTE SIND FELDSPATE WIE DIESER ORTHOKLAS, DER WEISS, GELB ODER ROSA GEFÄRBT SEIN KANN.

OLIVINMINERALIEN WIE DIESE FINDET MAN HÄUFIG IM OBEREN MANTEL DER ERDKRUSTE, EBENSO WIE ALS GROSSE KERNE IN METEORITEN. DIESE SIND DANN AUSSERIRDISCHEN URSPRUNGS!

Granit ist das Intrusivgestein, das man am leichtesten erkennt. Es ist auch das am häufigsten vorkommende Gestein, da es fast drei Viertel der Erdkruste ausmacht. Granit besteht hauptsächlich aus Feldspat und Quarz und kann eine Reihe anderer Mineralien enthalten. Er hat eine helle Farbe und ist oft schwarz-weiß, manchmal auch andersfarbig gesprenkelt. Die Farben, auch das Schwarz, stammen von anderen Mineralien. Das Schwarz entsteht am häufigsten durch einen Glimmer namens Biotit. Ist Granit größtenteils rosa, stammt seine Farbe wahrscheinlich von einem rosafarbenen Feldspat namens Orthoklas.

Diorit ist ein weiteres Intrusivgestein mit großen Kristallen, das gesprenkelt ist. Er sieht Granit sehr ähnlich, besteht aber aus verschiedenen Mineralien. Der größte Unterschied zu Granit ist, dass Diorit, wenn überhaupt, nur sehr wenig Quarz enthält. Er besteht hauptsächlich aus Feldspaten, die Calcium und Natrium enthalten und Plagioklase genannt werden. Diorit kann auch das Mineral Hornblende anstelle von Biotit enthalten. Ist Diorit dunkelgrün, verdankt er diese Farbe der Hornblende.

Obwohl Diorit sehr hart ist, haben Menschen Techniken entwickelt, um Skulpturen aus ihm anzufertigen. Er wird auch zu Schmucksteinen geschliffen und poliert. Die Inka in Südamerika sowie die Maya in Mexiko und Mittelamerika errichteten Gebäude aus Diorit. Auch wir verwenden bis heute Diorit zum Bauen.

Gabbro ist ein schwarzer bis dunkelgrüner Stein, der vorwiegend aus Plagioklas besteht und viel Calcium und das Mineral Augit enthält. Weil sich auch etwas Eisen in ihm befindet, ist er schwer. Aber er enthält nur wenig Quarz, was für magmatisches Gestein ungewöhnlich ist.

Basalt ist der Zwilling des Gabbro. Beide haben dieselbe Zusammensetzung. Der Unterschied ist, dass Gabbro ein intrusives magmatisches Gestein ist und Basalt ein

MOUNT RUSHMORE

GRANIT IST EIN SO HARTES GESTEIN, dass er für industrielle Zwecke aller Art sowie als Baumaterial genutzt wird. Aber er wurde auch für historische Monumente verwendet.

Mount Rushmore, ein 1707 m hoher Berg in den Black Hills des US-Bundesstaats South Dakota, erlangte Berühmtheit durch die Köpfe von vier US-Präsidenten, die in seine Flanke gehauen wurden. In den 1920er-Jahren sprengte man einen Teil des harten Granitbergs mit Dynamit weg, eine notwendige Vorbereitung für die Skulpturen. Nach und nach wurden die 18 m hohen Köpfe der Präsidenten George Washington, Thomas Jefferson, Theodore Roosevelt und Abraham Lincoln in den Stein gemeißelt. Der Granit ist so hart, dass in 10 000 Jahren nur etwa ein Zoll (2,5 cm) der Köpfe verwittert.

DER KOPF GEORGE WASHINGTONS WURDE IN SOUTH DAKOTA (USA) AM MOUNT RUSHMORE IN GRANIT GEHAUEN.

extrusives. Er fließt oder fällt bei einer Vulkanexplosion auf die Erde und kühlt schnell ab. Da Basalt schneller abkühlt als Gabbro, sind Basaltkörner feiner. Während Basalt das Hauptgestein des Meeresbodens ist, ist Gabbro das häufigste tiefer in der Erdkruste vorkommende Gestein.

Als Pegmatite bezeichnet man intrusive magmatische Gesteine, die Granit ähneln, aber extrem große Kristalle haben. Die kleinsten Kristalle haben etwa 1 cm Durchmesser. Doch die größten bekannten Pegmatite besitzen Kristalle von über 12 m Länge und 1,5 m Durchmesser!

Sicher denkst du, dass diese extremen Pegmatitkristalle sehr langsam gewachsen sind, weil Kristalle Zeit brauchen, um groß zu werden. Aber es gibt einen anderen Grund für ihre Größe. Gelöstes Wasser und andere Substanzen, wie Chlor, Bor und Beryllium, die leicht verdunsten (zu Gas werden), mischen sich mit Magma, wenn es gerade zu kristallisieren beginnt. Die Substanzen lassen nur wenige Kristalle wachsen, die deshalb groß werden können. So funktioniert es:

Gegen Ende des Kristallisationsprozesses sammelt sich Wasser an und bildet Taschen, die sich vom aushärtenden Magma trennen. Atome der anderen Substanzen springen um diese Taschen aus superheißem Wasser herum, wodurch sich in Kürze riesige Kristalle bilden. Solche springenden Atome stammen auch von seltenen Mineralien und Edelsteinen wie Aquamarin, Korund (Rubin und Saphir) und Turmalin.

Wie Pegmatit bezeichnet Peridotit eine ganze Gesteinsgruppe. Peridotit weist eine dunkle Farbe und grobe Körner auf. Es enthält meistens das Mineral Olivin, das es grün färbt.

Peridotit ist ein intrusives magmatisches Gestein, das meist durch Kimberlitschlote und Ophiolithe an die Erdoberfläche gelangt. Ophiolithe sind Bestandteile der ozeanischen Erdkruste, die an Plattengrenzen auf die darüberliegende kontinentale Kruste geschoben wurden und Peridotit mitbringen. Durch Analyse des Materials, das mit Peridotit an die Oberfläche gelangt, haben Wissenschaftler es als eines der Hauptgesteine des Mantels bestimmt.

FELSITE UND MAFITE
GEOLOGEN KATEGORISIEREN GESTEIN UNTERSCHIEDLICH.

Eine Möglichkeit ist, sie in Felsite und Mafite einzuteilen, je nach Siliciumdioxidgehalt, Farbe und Mineralzusammensetzung. Felsite findet man in der kontinentalen Kruste. Sie bestehen aus Feldspaten und Quarzen, die viel Siliciumdioxid enthalten. Siliciumdioxid besteht aus Silicium und Sauerstoff. Die meisten Felsite haben eine helle Farbe und ein geringes Gewicht, wie Granit und Bimsstein. Mafite hingegen findet man im Meeresboden. Sie bestehen vorwiegend aus Magnesium und Eisen, sind meistens schwer und von dunkler Farbe, wie Basalt und Gabbro.

NAHAUFNAHME VON GRANIT, EINEM FELSIT

NAHAUFNAHME VON BASALT, EINEM MAFIT

Der andere Weg, auf dem Peridotit die Erdoberfläche erreicht, führt über Kimberlitschlote. Kimberlit ist eine Art Peridotit und bildet trichterförmige Schlote, die vom Erdmantel bis zur Kruste reichen. Im oberen Mantel ist Peridotit Hitze und hohem Druck ausgesetzt, sodass er teilweise schmilzt und zu Magma wird. Gase und Wasser drücken das Magma durch die Kimberlitschlote nach oben. Mineralien beginnen zu kristallisieren, Gase dehnen sich aus, der Druck steigt. Immer mehr Druck baut sich auf, Xenolithe werden aus dem Mantel gelöst und mit dem Magma fortgerissen. Xenolithe sind Gesteinsbruchstücke, die in Magma eingeschlossen werden, wenn es abkühlt. Peridotit kommt typischerweise in Xenolithen vor. Der Druck steigt, bis sich der Kimberlit mit einer Geschwindigkeit von 370 m pro Sekunde fortbewegt. Weiteres Gestein wird von den Wänden der Schlote gerissen und mit dem Magma nach oben transportiert, das als Lava bei einem Ausbruch ausgeworfen wird oder sanft ausströmt. Warte nicht darauf, einen solchen Ausbruch beobachten zu können – der letzte fand vor über 25 Millionen Jahren statt.

Diese Ausbrüche aus dem Erdinneren haben einen funkelnden Nebeneffekt: Diamanten. Magma, das durch Kimberlitschlote aufsteigt, bildet sich in bis zu 160 km Tiefe. Der Druck und die Temperatur sind in der Erde so hoch, dass Kohlenstoff zu Diamant kristallisiert. Sind Druck und Temperatur geringer, kann Kohlenstoff zu Grafit werden. Manche Xenolithe, die bei einem Ausbruch aus dem die Kimberlitschlote umgebenden Erdmantel gerissen werden, enthalten Diamanten – und so gelangen sie an die Erdoberfläche. Kimberlit ist nach Kimberley in Südafrika benannt, nach der Region, in der sich weltweit die meisten Kimberlitschlote befinden.

ROHDIAMANT

IN KIMBERLIT EINGEBETTETER DIAMANT

EINE MEERECHSE SITZT AUF EXTRUSIVEM MAGMATISCHEM GESTEIN AUF DER GALÁPAGOS-INSEL SANTIAGO.

Extrusivgestein (Magmatit)

Xenolithe, die Peridotit enthalten und durch Kimberlitschlote an die Erdoberfläche dringen, entstehen im Erdmantel. Daher sind es Intrusivgesteine. Magmatisches Gestein, das abkühlt und kristallisiert, nachdem es als Lava an die Erdoberfläche getreten ist, wird extrusives magmatisches Gestein bzw. Extrusiv- oder Ergussgestein genannt. Es hat kleine Kristalle und feine Körner oder gar keine Kristalle. Dieses kristalllose Gestein wird wegen seiner glatten und glänzenden Oberfläche Glas genannt. Abkühlendes Extrusivgestein kann Gase einschließen und Blasen bilden.

Basalt ist ein dunkles extrusives Gestein. Er bildet eine dünne Schicht auf dem Meeresboden. Aber man findet ihn auch an Land. Basalt besteht hauptsächlich aus Magnesium und Eisen. Weil er ein Extrusivgestein ist, hat er feine Körner, die mit bloßem Auge nicht zu sehen sind.

IN ABKÜHLTER LAVA SIND GLAS SOWIE VERSCHIEDENE METALLE ZU ERKENNEN.

Basalt strömt an Hotspots und aus Schildvulkanen aus, wie man sie auf Hawaii und den Galapagos-Inseln findet. Wenn ein Vulkan unter Wasser ausbricht, kühlt sich die Lava schnell ab und bildet Basaltgestein in Kissenformen, die zu vulkanischem Glas abkühlen.

Ein weiteres Gestein, das bei Unterwasser-Vulkanausbrüchen entsteht, ist das siliciumdioxidhaltige vulkanische Glas Obsidian. Manchmal werden Luftblasen eingeschlossen, wenn Obsidian erstarrt. Dann ist das schwarze, violette oder dunkelgrüne Vulkanglas mit bunten Flecken und Streifen verziert. Dieses Glas ist wenig beständig. Daher ist viele Millionen Jahre alter Obsidian selten.

Im Laufe der Geschichte wurde Obsidian auf vielfältige Weise verwendet. Bereits in der Antike, um 7000 v. Chr., haben sich die Menschen vor Spiegeln aus Obsidian schön gemacht. Schon davor hatte man gemerkt, wie scharf die Bruchkanten des Obsidians sind. So wurde er in der

Steinzeit häufig für Werkzeuge wie Messer und Speere benutzt. Bis heute kommt Obsidian bei scharfen, präzisen chirurgischen Instrumenten zum Einsatz. Seine Schönheit begeistert uns ebenfalls: Er ist zwar weich, wird jedoch für Schmuck wie Ohrringe und Anstecknadeln in Form geschliffen und poliert.

Andesit ist der Name einer Gruppe feinkörniger grauer Extrusivgesteine, die meistens aus Schichtvulkanen austreten. Andesit ist nach den Anden in Südamerika benannt, einer der Regionen, in denen er zu finden ist. Er entsteht meist über Subduktionszonen, wo sich eine ozeanische Platte von hoher Dichte unter eine kontinentale Platte von geringerer Dichte schiebt. Andesit besteht aus Plagioklas-Feldspaten, manchmal aus Biotit und anderen Mineralien. Hin und wieder kühlen einige Mineralien im Andesit noch unter der Erde ab und kristallisieren. Bei einem Ausbruch bilden die restlichen Mineralien schnell Kristalle. Dieses Gestein heißt Andesitporphyr. Es hat große und kleine Kristalle.

Was passiert, wenn sich Luft, Wasser und die Blasen verschiedener Gase mit Lava vermischen? Beim Entweichen der Gase wird die Lava schaumig. Die Mineralien kristallisieren um die Gase herum und bilden ein poröses, fast schwammartiges, leichtes und luftiges Gestein, das schwimmt. Ein solches Gestein ist Bims.

Obwohl Bims in Wasser schwimmt, nimmt er Flüssigkeit auf und sinkt dann. Wegen seiner Saugfähigkeit wird er in Katzenstreu verwendet, um den Urin aufzunehmen. Er ist so rau, dass man sich mit ihm Hornhaut von den Füßen reiben kann. Bims wird auch in Beton, als dekorativer Landschaftsstein und in starken Seifen verwendet.

Rhyolith ist ein graues oder rosafarbenes Gestein, das viel Siliciumdioxid, Quarz, Plagioklas und geringe Mengen anderer Mineralien enthält. Er besteht aus denselben Mineralien wie Granit. Aber weil Granit ein Intrusiv- und Rhyolith ein Extrusivgestein ist, sehen beide unterschiedlich aus. So hat Granit große Kristalle, während die Kristalle von Rhyolith so klein sind, dass du sie ohne Vergrößerung nicht sehen kannst. Er kühlt nämlich viel schneller ab als Granit.

Manchmal wird Gas in Rhyolith-Lava eingeschlossen und hinterlässt kleine Löcher,

BIMS ENTSTEHT BEIM ABKÜHLEN SCHAUMIGER LAVA. ER BILDET EIN BLASENMUSTER.

OBSIDIAN, AUCH VULKANISCHES GLAS GENANNT

VULKANGLAS

SEHR SCHNELL ABGEKÜHLTE EXTRUSIVGESTEINE SEHEN AUS WIE GLAS, insbesondere, wenn die Lava nach einem Ausbruch ins Wasser fällt. Diese Gesteine sind glasig, weil sie so schnell abgekühlt sind, dass keine Kristalle entstehen konnten. Wegen der fehlenden Kristalle gelten sie nicht als Mineralien. Obsidian ist ein vulkanisches Glas.

DER VULKAN KARYMSKI IN RUSSLAND STÖSST BEI EINEM AUSBRUCH EINE ASCHEWOLKE AUS.

AUTOS SIND NACH EINEM VULKANAUSBRUCH MIT VULKANASCHE BEDECKT.

VULKANASCHE BESTEHT AUS KLEINEN MINERAL- UND GESTEINSSTÜCKEN.

VULKANASCHE

VIELLEICHT DENKST DU, DASS DU DICH BEI EINEM VULKANAUSBRUCH schnell vor der Lava in Sicherheit bringen musst. Das ist sicher richtig, aber die Asche aus dem Vulkan stellt eine noch größere Gefahr dar.

Vulkanasche ist nicht wie die Holzasche, die du in einem Kamin oder im Lagerfeuer vorfindest. Im Gegensatz zu der leichten und lockeren Asche, die du kennst, besteht Vulkanasche aus winzigen Mineral- und Gesteinsteilchen. Diese sind pulverförmig bis sandkorngroß, rau und hart – so hart, dass Vulkanasche über dem Wert 5 auf der Mohs-Skala liegt.

Asche und Gas rasen in halsbrecherischem Tempo die Hänge von Vulkanen hinab und zerstören alles, was ihnen in den Weg kommt. Die Vulkanasche kann von der Luft aufgenommen und mit dem Wind in große Höhen und Tausende von Kilometern weit getragen werden. Unterwegs richtet sie großen Schaden an. In der Nähe eines Ausbruchs kann die Asche so dicht sein, dass kein Sonnenlicht mehr durchdringt und der Tag zur Nacht wird. Die Asche kann Städte und Ackerland meterdick unter sich begraben. Trägt der Wind die Asche mit sich fort, kann sie Flugzeuge und Nutzpflanzen beschädigen, das Trinkwasser verschmutzen, sogar die Lunge schädigen und Atemprobleme verursachen. Sie kann auch elektrisch geladen sein, sodass die Radiowellen, die Fernseh-, GPS- und Handysignale gestört werden. Aneinanderreibende Ascheteilchen können auch Blitze erzeugen! Die Asche löst sich nicht in Wasser auf. Regnet es nach einem Vulkanausbruch, bildet sich eine dicke Schlammschicht.

IM ARCHES NATIONAL PARK IN UTAH (USA) GIBT ES ÜBER 2000 SANDSTEINBÖGEN. SANDSTEIN IST EIN SEDIMENTGESTEIN.

SEDIMENTGESTEINE WIE DIESE FLUSSKIESEL WERDEN DURCH DIE EROSION DES FLIESSENDEN WASSERS STETIG VERKLEINERT.

wenn die Lava schnell abkühlt. So bildet sich Bimsstein. Manchmal können Kristalle, Opale und sogar Edelsteine in diesen Löchern sitzen, was diese Rhyolithe für Gesteins- und Edelsteinjäger besonders interessant macht.

Bei einem Vulkanausbruch wird mehr als nur Magma ausgeworfen. Gesteinsbrocken, heiße Asche und weiteres Material sind dabei. Manchmal rutschen Magma (an der Erdoberfläche nun Lava genannt), Gestein und Asche in Lawinen die Vulkanhänge hinab. Wenn alles abgekühlt und erstarrt ist, sind alle diese Materialien miteinander verschmolzen und bilden zum Beispiel Tuff, ein Eruptivgestein. Mit jedem Ausbruch entsteht eine neue Schicht Gestein, das sich mit der Zeit um den Vulkan herum anlagert. Im Yellowstone-Nationalpark gibt es eine Stelle, an der du Tuff sehen kannst.

Sedimentgestein

Magmatisches Gestein kann heiß, brodelnd, explosiv und dynamisch sein. Sedimentgestein entsteht hingegen ohne extreme Hitze oder Druck. Es bildet sich still und leise auf oder nahe der Erdoberfläche.

Sedimente entstehen aus natürlichen Materialien, die durch Wind, Wasser, Gletscher und Schwerkraft abgetragen werden. Diese Naturgewalten lassen alle Arten von Gesteinen verwittern: Sie lösen sie auf oder zersetzen sie in winzige Stücke. Dann kommt die Erosion durch Schwerkraft, Bäche, Wind und Gletscher ins Spiel, die die verwitterten Teile auf dem Grund von Gewässern – Bächen, Flüssen, Seen oder Meeren – ablagert. Die schwersten Teile setzen sich zuerst ab. Schicht für Schicht bilden sich Sedimente, die sich schließlich in hartes Gestein verwandeln. Aber das geschieht nicht über Nacht. In der Regel dauert dieser Prozess Tausende von Jahren.

Ein Sedimentgestein ist also ein Schichtgestein, das durch Kompaktion, Zementation oder Kristallisation von Sedimenten entsteht. Sehen wir uns genauer an, was das bedeutet.

Wenn sich Sedimente aufeinanderschichten, drücken die oberen Schichten auf die unteren. Poren im Sediment werden zusammen- und darin enthaltenes Wasser wird herausgedrückt. Die Sedimentkörner werden eng zu festem Gestein gepresst. Das nennt man Kompaktion.

Bei der Zementation füllen sich die Poren im Sediment mit gelösten Mineralien. Die Minerallösung zementiert die Sedimentkörner: Sie kleben zusammen. Ein Konglomerat ist ein Beispiel für ein Gestein, das durch Zementation entsteht.

Wenn du einen Bach durchquerst oder in einem Meer oder See schwimmst, findest du selten scharfkantige Felsen. Der Grund dafür ist, dass das über oder gegen den Fels fließende Wasser ihn abrundet und glättet. Gleichzeitig löst es Mineralien aus dem Gestein. Wenn das Wasser mit Mineralien gesättigt ist und sich keine mehr auflösen können, kristallisieren sie. Mit der Zeit wachsen die Kristalle und binden sich an Sedimentgestein. Du kannst eine Kristallisation zu Hause am Wasserhahn beobachten, wenn sich harter, weißer Calcit aus dem Leitungswasser daran sammelt.

Nun wissen wir, was Sedimentgesteine sind und wie sie sich bilden. Sehen wir uns nun die verschiedenen Arten an. Geologen teilen sie in drei Gruppen ein: in klastische, chemische und organische Sedimentgesteine.

KALKABLAGERUNGEN AM WASSERHAHN

79

FOSSILIEN: ÜBERBLEIBSEL AUS DER VERGANGENHEIT

GEBÄNDERTE SANDSTEIN-SCHICHTEN IM GRAND CANYON IN ARIZONA (USA)

FOSSILIEN VON DINOSAURIERN UND RIESIGEN SÄUGETIEREN lassen uns in die Vergangenheit schauen. Manchmal sind Fossilien der einzige Beweis dafür, dass eine ausgestorbene Art jemals gelebt hat. Fossilien sind die Überreste alter Pflanzen und Tiere, die in Gestein, meist Sedimentgestein, erhalten geblieben sind. Dies können Teile des toten Organismus, Eier, Kot und Fußabdrücke sein.

Ein Fossil entsteht am besten, wenn eine Pflanze oder ein Tier unmittelbar nach seinem Tod unter Sand oder Schlamm begraben wird. Die Weichteile verrotten und zersetzen sich, wodurch Knochen und Zähne freigelegt werden. Über diese harten Überreste schichten sich Sedimente. Diese werden immer schwerer und mit den Jahrtausenden verwandeln sie sich durch den Druck in Sedimentgestein. Mit der Zeit ersetzen Mineralien die Knochen und Zähne und bilden aus dem Gestein ein Modell des früheren Lebewesens. Manchmal ist ein Fossil auch ein Abdruck, etwa ein Fußabdruck.

Fossilien sind unter Sedimentgestein begraben. Wie gelangen sie dann wieder an die Oberfläche? Tektonische Bewegungen der Erde und die Erosion legen sie wieder frei.

EIN FOSSIL DES VOGELÄHNLICHEN DINOSAURIERS ARCHAEOPTERYX

Klastische Sedimentgesteine

Klastische Sedimentgesteine bestehen aus Mineral- und Gesteinsstücken aller Art, die sich durch Verwitterung von anderem Gestein gelöst haben. Werden sie komprimiert oder zementiert, bilden sie Gestein. Klastische Gesteine sind Sandstein, Schiefer, Konglomerate und Brekzien.

Sandstein ist eine Kombination aus Mineralien, Gesteinsteilen und organischer Materie wie Blättern, Zweigen und toten Insekten, die durch Verwitterung zersetzt wurden. Wind, Wasser und Eis tragen sie in tief liegende Regionen, wo sie zu Gestein komprimiert oder zementiert werden. Sandstein besteht vorwiegend aus Feldspat und Quarz, die zu sandgroßen Körnern zerrieben und in hartes Gestein verwandelt wurden. Er wird vor allem durch Calcit, Siliciumdioxid und Gips zementiert. Seine Farben stammen von Verunreinigungen oder Spurenelementen wie

DÜNNE SCHIEFER-SCHICHTEN KÖNNEN ROT, GRAU, BRAUN UND SCHWARZ GEFÄRBT SEIN.

IM JAHR 2012 MACHTE DER NASA-ROVER „CURIOSITY" AUF DEM MARS FOTOS VON KONGLOMERATEN. DIESE GESTEINSART IST DER BESTE BEWEIS DAFÜR, DASS ES EINST WASSER AUF DER OBERFLÄCHE DIESES PLANETEN GEGEBEN HABEN MUSS.

BREKZIEN BESTEHEN AUS VIELEN SCHARFKANTIGEN STÜCKEN ANDERER GESTEINSARTEN.

Eisen- und Manganoxiden. Da Sandstein aus Schichten besteht, kann er abhängig von den bei seiner Entstehung vorhandenen Gesteinen und Mineralien bunt gebändert sein. In vielen Nationalparks, etwa dem Grand Canyon in Arizona (USA), ist der Sandstein spektakulär.

Das klastische Sedimentgestein Schiefer besteht vor allem aus Ton und Lehm, die langsam zu Meeresböden und Flussbetten transportiert werden. Auch er enthält Mineralien wie Feldspat, Quarz, Pyrit und Glimmer sowie organische Bestandteile von Muscheln, Meerespflanzen und -tieren. Schiefer bildet dünne Schichten und kann verschiedene Farben haben: Rot, Grün, Braun, Grau und Schwarz. In schwarzem organischem Schiefer können Öl und Erdgas vorkommen. Seine Kristalle sind winzig und mit bloßem Auge nicht zu erkennen.

Ein Konglomerat ist ein klastisches Sedimentgestein, das aus recht großen, runden Gesteinsstücken besteht, die zementiert sind. Kräftige Wellen oder schnell fließende Bäche bzw. Flüsse haben die Steine rund geschliffen. Kleine Körnchen aus Quarz, Calcit und anderen Mineralien füllen die Lücken zwischen den runden Steinen und kleben alles zum Konglomerat zusammen.

Eine Brekzie ähnelt einem Konglomerat, besteht aber aus Stücken mit scharfen Ecken und gezackten Kanten. Das zeigt, dass die Stücke im Wasser nicht so glatt geschliffen wurden wie das Konglomeratgestein. Auch Brekzien können aus vielen verschiedenen Steinen bestehen. Daher gibt es sie in vielen Farben. Bunte, auffälligere Brekzien werden oft poliert, geschliffen und als Edelsteine für Schmuck verwendet.

Chemische Sedimentgesteine

Chemisches Sedimentgestein entsteht nicht aus gepressten, sondern aus in Wasser gelösten Sedimenten. Sie bleiben zurück, wenn das Wasser verdunstet. Die Sedimentmineralien kristallisieren und härten zu Gestein aus.

Wir haben gesehen, wie verdunstetes Meerwasser Salz und Gips zurücklässt. Chemische Sedimentgesteine können auch durch Änderungen von Temperatur oder Säuregehalt des Wassers entstehen. Das im Wasser reichlich enthaltene Calcium lagert sich aufgrund solcher Änderungen als Calciumcarbonat ab, das mit der Zeit Kalkstein bildet.

Kalkstein ist ein heller Stein, der normalerweise in seichtem, warmem Meerwasser entsteht, sowohl durch chemische als auch durch organische Prozesse. Organischer Kalkstein besteht zu einem großen Teil aus Muscheln, chemischer Kalkstein hauptsächlich aus Calcit.

Wenn wir Kalkstein finden, wissen wir, dass es hier einmal einen See oder ein Meer gegeben hat. Der Gipfel des Mount Everest besteht aus Kalkstein, was uns sagt, dass dieser Gipfel vor Jahrmillionen einmal ein Meeresboden war.

Tuff ist ein chemisches Sedimentgestein. Es entsteht, wo sich calciumreiches Wasser aus Unterwasserquellen mit Süßwasser mischt, das reich an Carbonaten ist. Carbonate bestehen aus einem Metall, Kohlenstoff und Sauerstoff. Wo sich diese Wässer vermischen, entsteht Calciumcarbonat, ein Kalkstein. Über Hunderte von Jahren verdunstet das Wasser, während das Calciumcarbonat unter Wasser Tuffsäulen bildet. Mit der Zeit trocknen manche Gewässer aus und die Tuffsteinsäulen werden sichtbar und bringen uns zum Staunen. So waren die Trona Pinnacles in der Mojave-Wüste in Kalifornien (USA), die aussehen wie aus einer anderen Welt, schon in Science-Fiction-Filmen zu sehen. Auch am Pyramid Lake in Nevada und Mono Lake in Kalifornien (beide in den USA) gibt es solche Tuffsteinsäulen.

Wir haben das Mineral Halit gesehen, das wir als Tafelsalz kennen. Halit ist aber auch der Name von Steinsalz, einem Stein aus Halitkristallen, die beim Verdunsten von Meerwasser

DIE TRONA PINNACLES IN DER MOJAVE-WÜSTE SIND TUFFSTEINSÄULEN.

VON BERGEN HERABFLIESSENDES WASSER BILDET IN DEN WÜSTEN IM SÜDWESTEN DER USA FLACHE SEEN, DIE PLAYAS GENANNT WERDEN. WENN DAS WASSER IN DER SOMMERHITZE VERDUNSTET, BLEIBEN HALIT- (SALZ) UND GIPSKRISTALLE ZURÜCK. DIESE KRISTALLE WERDEN ÜBER TAUSENDE VON JAHREN ZU CHEMISCHEM SEDIMENTGESTEIN GEPRESST.

VIELE HÖHLEN ENTSTEHEN, WENN GROSSE FELSEN DURCH LANGSAME WASSERBEWEGUNGEN ABGETRAGEN WERDEN.

STALAKTITEN ENTSTEHEN DURCH MINERAL-ABLAGERUNGEN VON TROPFENDEM WASSER.

GRUTA DO LAGO AZUL, DIE HÖHLE DES BLAUEN SEES, IN BONITO (BRASILIEN)

STEINZAPFEN

WIE IN EINER FREMDEN WELT fühlt man sich in einer dunklen, feuchten Höhle. Dass Höhlen feucht sind, überrascht nicht. Die meisten sind dadurch entstanden, dass Grundwasser Gestein langsam abgetragen hat.

Zu den seltsamsten Formationen, die man in Höhlen findet, zählen Stalaktiten und Stalagmiten. Sie bilden sich, wenn Regenwasser und Grundwasser durch Risse im Boden sickern. Es tröpfelt durch den Kalkstein, löst Mineralien wie Calcit ab und transportiert sie in die Höhle. Dort tropft das Wasser von der Decke, das Calcit bleibt zurück, folgt der Form des tropfenden Wassers und bildet Steinzapfen, die man Stalaktiten nennt. Wasser, das auf den Boden fällt und noch Calcit enthält, bildet einen auf dem Kopf stehenden Stalaktit, der Stalagmit genannt wird. Beide, Stalaktiten und Stalagmiten, bestehen aus den chemischen Sedimentgesteinen Kalkstein und Travertin.

Viele Menschen können sich schlecht merken, welche Formation Stalaktit und welche Stalagmit heißt. Als Eselsbrücke kannst du dir merken, dass das „t" in „Stalaktit" für den „Tropfen" steht, der von oben fällt, und das „m" in „Stalagmit" für „Matsch" am Boden.

zurückbleiben. Steinsalz kommt auf der Erde nur in sehr trockenen Regionen und auf dem Grund ausgetrockneter Meere vor. Öfter findet man es unter der Erde. Man baut es ab und streut es im Winter auf vereiste Straßen, damit die Autos nicht rutschen. Steinsalz ist leichter und weniger dicht als sein Umgebungsgestein. Daher tritt es oben aus dichterem, schwererem Sedimentgestein aus und bildet Salzstöcke.

Auch das Mineral Gips bildet im Meerwasser ein chemisches Sedimentgestein. Verdunstet Salzwasser, setzen sich Gipskristalle ab und bilden dicke Gipsschichten.

Je nach Umgebung entstehen Sedimentgesteine chemisch oder organisch. So bildet sich Kalkstein mal durch chemische Reaktion, mal organisch aus Muscheln. Andere Sedimentgesteine entstehen ausschließlich aus toten Organismen. Sehen wir uns das einmal an.

KALKSTEIN MIT FOSSILIEN VON SEELILIEN

Organische Sedimentgesteine

Wenn Pflanzen und Tiere sterben, bleiben ihre Überreste auf der Erde oder am Grund von Gewässern wie Meeren oder Seen liegen. Knochen, Muschelschalen, Blätter, Blüten, Skelette und sogar von Lebewesen erzeugte Materialien wie Kot und Harz – alle enthalten Kohlenstoff und Wasserstoff und sind organisch. Wie bei jedem Sedimentgestein sammelt sich die organische Substanz über Tausende von Jahren an, wird komprimiert und zu Gestein zementiert. Bei organischen Sedimentgesteinen entscheiden der einwirkende Druck und die Temperatur, welche Gesteinsart entsteht.

Wusstest du, dass der Strom, den wir für unsere Lampen, zum Fernsehen und für Videospiele benötigen, oft mit einem Gestein erzeugt wird, nämlich Kohle? Das ist ein organisches Sedimentgestein, das einzige Gestein, das brennt. Kohle ist ein nicht erneuerbarer Rohstoff. Das bedeutet, dass es davon auf der Erde nur eine begrenzte Menge gibt. Wir müssen also achtgeben, nicht alles aufzubrauchen.

Kohle entsteht in sumpfigem, saurem Wasser in tropischen, feuchten Regionen, wo viele Pflanzen wachsen. Über Hunderttausende von Jahren sammeln sich die Reste abgestorbener Pflanzen am Grund des Sumpfes an. Um sie zu zersetzen, wird Sauerstoff benötigt, aber bei so vielen toten Pflanzenresten ist der Sauerstoff irgendwann aufgebraucht und sehr wenig Pflanzenmaterial zerfällt. Der Schlamm aus Wasser und Pflanzenmaterial bildet Torf, ein mineralhaltiges, erdiges Material. Über Jahrmillionen lagert sich mehr Sediment auf dem Torf ab, er verdichtet sich und erhitzt das Pflanzenmaterial, bis es zu Kohle wird.

Je nach Hitze und Kompressionsgrad entstehen unterschiedliche Kohlearten. Braunkohle, auch Xylit genannt, entsteht, wenn Torf stärker verdichtet wird. Sie ist ein weiches Gestein, und weil sie recht jung ist, erkennt man in ihr noch etwas Pflanzenmasse. Steigen Druck und Hitze weiter, entsteht Steinkohle, mit der wir Strom und Wärme erzeugen. Sie glänzt schwarz und bei genauem Hinsehen erkennt man noch einzelne Schichten.

Kreide ist ein weiteres organisches Sedimentgestein. Vor Jahrmillionen lagerten sich die harten Knochen

STEINKOHLE, MIT DER WÄRME UND STROM ERZEUGT WERDEN

VERSTEINERTES HOLZ IST HOLZ, DAS IM LAUFE VON JAHRMILLIONEN DURCH KRISTALLE ERSETZT WURDE.

GRÜNTÖNE ENTSTEHEN DURCH KUPFERMINERALIEN

ROSA FARBTÖNE ENTSTEHEN DURCH MANGANMINERALIEN

VERSTEINERTES HOLZ IM PETRIFIED-FOREST-NATIONALPARK IM US-BUNDESSTAAT ARIZONA

ZAUBERWALD

ES IST SCHWER ZU GLAUBEN, ABER HOLZ KANN SICH IN STEIN VERWANDELN. Durch „Zauberei" der Natur entsteht ein versteinerter Wald. Und das geht so:

Vor Millionen von Jahren fielen tote Bäume auf die Erde, manche davon in Bäche oder Flüsse, die sie stromabwärts trugen und im aufgewühlten Wasser mit anderen Sedimenten vermengten. Sie trieben durch Seen und Sümpfe und kamen schließlich in Schlamm und Ablagerungen zur Ruhe. Manchmal war Vulkanasche beigemengt. Das Holz wurde begraben und zersetzte sich mit der Zeit. Wasser mit gelösten Chemikalien – einschließlich der Stoffe der Vulkanasche – drang in das zerfallende Holz, Mineralien ersetzten es und bildeten vor allem Quarzkristalle. Im Laufe von Jahrmillionen wurde das Holz von Kristallen durchzogen, bis nur noch ein Fossil übrig blieb: Das ursprüngliche Holz war durch Stein ersetzt worden. Oft blieben die Maserung und die Rindenstruktur des ursprünglichen Baums erhalten.

Versteinertes Holz ist härter als Stahl. Es kann aufgrund der darin eingesickerten, gelösten Mineralien sehr bunt sein. So färben Kupfermineralien es beispielsweise grün, Manganmineralien färben es rosa.

mikroskopisch kleiner Meerestiere am Meeresgrund ab. Sie wurden zu Fossilien, wenn sie sich mit Schlamm mischten und aushärteten. Schließlich bildeten sie den weichen, hellen Kalkstein Kreide. Vor rund 10 000 Jahren schrieb man erstmals mit Naturkreide. Heute enthält Kreide Gips und wird in Fabriken hergestellt.

Hornstein ist ein hartes, glasiges organisches Sedimentgestein, das muschelig bricht. Er besteht vor allem aus dem Mineral Siliciumdioxid, das sich auflösen und dann winzige Quarzkristalle bilden kann. Er entsteht im Meerwasser in Form von Schichten oder Knollen. Das Silicium stammt aus den Schalen und Skeletten winziger Organismen, die auf den Grund gesunken sind.

Feuerstein ist eine Hornsteinart, die Knollen bildet. Er ist extrem hart und zerbricht in scharfkantige Stücke. Vor zwei Millionen Jahren wurden daraus Pfeilspitzen und Speere gemacht.

EINE PFEILSPITZE AUS FEUERSTEIN

Metamorphe Gesteine

Tief unter der Erde wandeln extremer Druck und enorme Hitze magmatische und Sedimentgesteine in metamorphe Gesteine um. Druck und Hitze können sogar metamorphe Gesteine in andere metamorphe Gesteine verwandeln. Das kann wenige Augenblicke oder auch Millionen von Jahren dauern.

Bei einer Entstehungsart metamorpher Gesteine reiben sich tektonische Platten aneinander oder kollidieren miteinander. So entstehen Berge und Bergketten. Die Reibung zwischen zwei Platten erzeugt Druck und Wärme, die Stein schmelzen lassen. An der Einschlagstelle können magmatisches und sedimentäres Gestein in winzige Stücke und Pulver zermahlen und in metamorphes Gestein umgewandelt werden.

Metamorphe Gesteine bilden sich auch, wenn Gestein mit Magma in Kontakt kommt. Heiße magmatische Gase und Flüssigkeiten

LAPISLAZULI

AUCH WENN LAPISLAZULI FÜR SCHMUCK VERWENDET WIRD, IST ER KEIN EDELSTEIN.
Das metamorphe Gestein erhält seine auffallende blaue Farbe durch das Mineral Lasurit. Lapislazuli enthält manchmal Pyrit, der das Gestein golden schimmern lässt. Künstler verwenden seit mehr als 1000 Jahren ein leuchtendes Ultramarinblau aus Lapislazuli. Auch die berühmte *Sternennacht* von Vincent van Gogh begeistert uns mit dieser Farbe. Mit Lapislazuli hergestellte blaue Farbe ist teuer. Daher wird jetzt synthetisches Ultramarin verwendet.

LAPISLAZULI ERHÄLT SEINEN BLAUEN FARBTON VON LASURIT.

VINCENT VAN GOGHS *STERNENNACHT* VERDANKT IHR LEUCHTENDES BLAU DEM LAPISLAZULI.

dringen in die Poren eines Gesteins ein und lösen chemische Reaktionen aus. Diese ändern die Chemie des Gesteins, das metamorph wird.

Sind Hitze und Druck hoch genug, um Gestein zu Magma zu schmelzen, entweicht ein Teil der Flüssigkeit als Dampf. Mineralien, die sich im Magma aufgelöst hatten, entweichen mit ihm. Sie kristallisieren zu neuen Mineralien, die wieder metamorphes Gestein bilden.

Wissenschaftler bezeichnen bestimmte metamorphe Gesteine als geschiefert. Sie sind gebändert und an gewirbelten, gedrehten oder gefalteten Farbstreifen zu erkennen. Ungeschieferte metamorphe Gesteine erkennst du nicht am Aussehen, sondern nur an der chemischen Zusammensetzung.

Geschieferte metamorphe Gesteine

Zu den geschieferten metamorphen Gesteinen zählen Schiefer und Gneis. Sie sind reich an Glimmer- und Chloritmineralien und oft gebändert oder gestreift. Bei ihrer Entstehung ist der Druck so stark, dass sich ihre Mineralien gegen ihn ausrichten, sodass die Gesteine aussehen, als bestünden sie aus Blättern. Geschieferte Gesteine entstehen meist beim Zusammenprall tektonischer Platten.

Schiefer entsteht, wenn tektonische Aktivität Ton und Lehm zu Tonschiefer und Mudstone presst, beides Sedimentgesteine. Während sich die Schichten aufbauen, schiebt der Druck den Tonschiefer und den Mudstone immer tiefer. Druck und Hitze steigen und nach Jahrmillionen entstehen Glimmermineralien und -schiefer.

Schiefer nutzen wir für viele Zwecke. Die ersten Schultafeln bestanden aus Schiefer und heute dient er häufig als Boden- und Dachbelag.

Im Vergleich zu anderen metamorphen Gesteinen entsteht Schiefer bei relativ niedrigem Druck und geringer Hitze. Steigen Druck und Hitze, bildet sich der glänzende Phyllit. Erhöhe Druck und Hitze weiter und du erhältst einen schuppigen Stein namens Schist.

Wird der Schiefer noch mehr Hitze und Druck ausgesetzt, bildet sich ein gebändertes metamorphes Gestein namens Gneis. Seine

DER GNEIS AM BUTT OF LEWIS IN SCHOTTLAND (GROSSBRITANNIEN) ZÄHLT ZUM ÄLTESTEN GESTEIN DER ERDE. SEIN ALTER WIRD AUF MINDESTENS 3 MILLIARDEN JAHRE GESCHÄTZT.

SCHIEFER IST VIELSEITIG NUTZBAR – UNTER ANDEREM ALS DACHBEDECKUNG. ER VERWITTERT NICHT UND HAT EINE LANGE LEBENSZEIT.

hell-dunkle Streifung zeigt die Schichten verschiedener Mineralien, darunter Feldspat, Quarz und Glimmer. Im Schist hat sich der Ton in Glimmerschichten verwandelt, die größer werden und in grobkörnigem Gneis kristallisieren. Gneis findet man oft in Gebirgszügen. Er kann aus sedimentärem oder magmatischem Gestein entstehen.

Ungeschieferte metamorphe Gesteine

Marmor, Quarzit und Anthrazit sind nicht blättrig. Sie entstehen häufig dort, wo der in alle Richtungen gleiche Druck niedrig und die Temperatur hoch ist. Druck kann dazu führen, dass das Gestein dichter wird, die Mineralien sich umkristallisieren und größere Kristalle bilden. Oder es werden neue Kristalle eingebracht, die eine Umkristallisation verursachen.

Marmor besteht vorwiegend aus dem Mineral Calcit. Im Grunde handelt es sich um Kalkstein, den Hitze und Druck in Marmor umgewandelt haben. Der Calcit stammt aus den versteinerten Schalen von Wasserbewohnern. Bei der Verwandlung in Marmor wachsen die kleinen Kalksteinkristalle und kristallisieren neu, was die Struktur des Gesteins verändert.

Quarzit entsteht, wenn sich Sandstein, der hauptsächlich aus Mineralquarz besteht, tief im Untergrund mit Magma mischt. Das geschieht meistens, wenn die Bewegung tektonischer Platten Berge hervorbringt. Quarzit sieht dem Sedimentgestein Sandstein sehr ähnlich, ist aber viel härter und liegt auf der Mohs-Skala mit dem Wert 7 an der Spitze. Er ist so hart, dass er auch dort dem Verwittern standhält, wo die meisten anderen Gesteine abgetragen werden. Alte Völker stellten mit Quarzit Messerklingen und Axtköpfe her. Heute verwenden wir Quarzit für Arbeitsplatten, Bodenbeläge und Dachziegel.

Was passiert, wenn sich Schiefer oder Mudstone mit Magma mischen? Du bekommst das metamorphe Gestein Hornfels – einen ziemlich langweiligen Stein, der nichts Auffälliges zeigt. Zumindest nicht, bis du dir einen unter dem Mikroskop anschaust. Dann siehst du, dass Hornfels feinkörnige Mineralien von gleicher Größe enthält, die wie Puzzleteile ineinandergreifen. Innen können verschiedene Mineralien auftreten, alles von Pyrit bis Biotit. Hornfels ist so hart, dass die Urmenschen damit Pfeilspitzen und Messer machten. Heute nutzen wir ihn z. B. als Baumaterial, für Pflastersteine und Beton.

DIE STATUE VON ABRAHAM LINCOLN IM LINCOLN MEMORIAL IN WASHINGTON, D.C. (USA), WURDE AUS 28 MARMORSTÜCKEN AUS DEM US-BUNDESSTAAT GEORGIA ANGEFERTIGT.

EINE NAHAUFNAHME EINES QUERSCHNITTS DURCH HORNFELS MACHT DIE ANDEREN MINERALIEN SICHTBAR, AUS DENEN DIESES GESTEIN BESTEHT. DER ROTE ANDALUSIT HEBT SICH VON DEN ANDEREN SILICATEN AB.

Außerirdische Gesteine

Hast du schon mal ein nächtliches Feuerwerk aus Sternschnuppen und Kometen gesehen? Weißt du, dass Gesteine diese außerirdische Show veranstalten? Kometen haben einen Kern aus Eis und Stein, der Gas und Staub freisetzt. Wissenschaftler beschrieben Kometen früher als schmutzige Schneebälle, entdeckten dann aber, dass es schneebedeckte Schmutzbälle sind. Berühmt sind ihre langen Staub- und Gasschweife. Wir sehen sie nur dann, wenn sie so nah um die Sonne kreisen, dass der Schweif ihr Licht reflektiert.

Auch Asteroiden aus Gestein und Metall umkreisen die Sonne. Sie sind seltsam geformt und können klein wie Kieselsteine sein oder fast 1000 km Durchmesser haben. Manchmal rasen sie auf die Erde zu und verändern sich dabei. Wir haben unterschiedliche Namen für sie, je nachdem, wo sie sich auf ihrer Reise befinden. *Meteoroiden* heißen die Asteroiden, die Richtung Erde reisen. Treffen sie auf die Erdatmosphäre, verbrennen sie ganz oder teilweise und bilden einen Lichtschweif, den wir als Meteor bezeichnen – oder als Sternschnuppe. Wenn der Meteor nicht vollständig verbrennt, stürzt er als Meteorit auf die Erde.

Manche Steinmeteoriten enthalten Chondren, kleine, runde Körner, die vor 4,6 Milliarden Jahren im Urnebel entstanden sind. Diese Meteoriten bilden die älteste Materie auf der Erde. Wenn diese außerirdischen Gesteine mit Tausenden von Kilometern pro Stunde auf die Erde prallen, verursachen sie Einschlaglöcher, wenn sie klein sind, oder Krater, wenn sie groß sind. Sie können klein wie Kieselsteine oder groß wie Häuser sein. Man unterscheidet drei Arten: Eisen-, Stein- und Stein-Eisen-Meteoriten.

Eisenmeteoriten entstanden vor Jahrmillionen als Teil eines Planeten- oder Asteroidenkerns. Sie zählen zur dichtesten Materie auf der Erde und sind sehr selten. Zu 95 Prozent bestehen sie aus Eisen. Der Rest sind Nickel und andere Elemente. Ihr Eisengehalt macht sie magnetisch.

Steinmeteoriten bestehen zu 90 Prozent aus Silicium und enthalten etwas Eisen, sind also auch magnetisch. Dies sind die häufigsten außerirdischen Gesteine auf der Erde. Sie bildeten einmal die Oberfläche bzw. Kruste eines Asteroiden. Oft hält man sie für gewöhnliches Erdgestein, aber meistens weisen sie Anzeichen von Verbrennungen auf. Chondriten genannte Steinmeteoriten enthalten Chondren, kleine bunte Körner, die über 4,6 Milliarden Jahre alt sind – älter als unser Sonnensystem.

Stein-Eisen-Meteoriten sind im Prinzip eine Mischung aus Stein und Nickel-Eisen zu gleichen Teilen. Es sind die seltensten Meteoriten auf der Erde. Zwei Arten haben es zu uns geschafft: Pallasite, vorwiegend aus dem Mineral Olivin, das sie grünlich färbt. Die Edelsteinversion davon ist Peridot. Wenn du einen Pallasit polierst, wird er zum grünen Edelstein. Mesosiderite, die andere Art, bestehen fast zur Hälfte aus Metall, zur Hälfte aus Silicaten, vorwiegend aus magmatischem Gestein. Sie sind auf der Erde äußerst selten. Man hat bisher weniger als 200 gefunden.

Weltraumsteine auf der Erde sind aufregend, aber Meteoriten bieten uns mehr als nur Nervenkitzel. Wir untersuchen, woraus sie bestehen, und bestimmen ihr Alter, um die Geschichte der Erde und unseres Sonnensystems zu enträtseln.

> STEIN-EISEN-METEORITEN ENTHALTEN EINE MISCHUNG AUS STEIN UND NICKEL-EISEN. SIE SIND AUF DER ERDE SEHR SELTEN.

METEORITEN-STARS

METEORITEN HABEN DIE ERDE SEHR GEPRÄGT. Diese Beispiele zeigen, wie sich außerirdisches Gestein auf die Erde ausgewirkt hat.

Am 15. Februar 2013 richteten sich alle Augen auf einen **ASTEROIDEN** namens **2012 DA14.** Er kam der Erde gefährlich nah, bis auf 27 680 km. Um 9:20 Uhr flog ein großes, helles, unidentifiziertes Flugobjekt (UFO) in die entgegengesetzte Richtung wie 2012 DA14, fiel herab und explodierte rund 24 km über Tscheljabinsk in Russland. Wissenschaftler sagen, dass die Explosion 30- bis 40-mal stärker als eine Atombombe war und einen Moment lang heller leuchtete als die Sonne. Drei Tage später fand man einen Meteoriten 69 km von Tscheljabinsk entfernt.

DER METEORIT HOBA IN DER NÄHE VON GROOTFONTEIN (NAMIBIA)

Der größte bekannte Meteorit ist **HOBA.** 1920 fand man ihn in Namibia. Er prallte dort vor etwa 80 000 Jahren auf die Erde und wiegt 60 Tonnen. Namibia erklärte den Ort zum Nationaldenkmal.

DER SCHWEIF DES UFOS, DAS AM SELBEN MORGEN AM HIMMEL AUFTAUCHTE WIE 2012 DA14. ER STAMMTE VIELLEICHT VON DEM METEORITEN, DEN MAN SPÄTER IN DER NÄHE VON TSCHELJABINSK (RUSSLAND) FAND.

DER WILLAMETTE-METEORIT IM AMERICAN MUSEUM OF NATURAL HISTORY IN NEW YORK CITY (USA)

Der **WILLAMETTE-METEORIT**, den man in Oregon (USA) fand, ist der größte Meteorit in den USA und der sechstgrößte der Welt. Dieser Eisenmeteorit ging vor rund 13 000 Jahren auf die Erde nieder und wiegt 14 Tonnen. Heute kann man ihn im American Museum of Natural History in New York City besichtigen.

DER CHICXULUB-KRATER auf der mexikanischen Halbinsel Yucatán entstand beim Aufprall eines großen Asteroiden auf die Erde vor etwa 66 Millionen Jahren. Der Asteroid war so groß, dass er einen Krater von etwa 180 km Breite verursachte. Seinen Ruhm verdankt der Asteroid der Tatsache, dass er vermutlich das Aussterben der Dinosaurier sowie von 75 Prozent der weiteren Tiere und Pflanzen verursachte, die damals auf der Erde lebten. Die Wucht des Asteroiden, die den Chicxulub-Krater entstehen ließ, entsprach der Energie von 100 Millionen Atombomben!

DIESE KÜNSTLERISCHE DARSTELLUNG ZEIGT DEN AUFPRALL DES CHICXULUB-ASTEROIDEN AUF DIE ERDE.

DER BARRINGER-KRATER, BESUCHERN AUCH ALS METEOR CRATER BEKANNT, IN ARIZONA (USA)

Vor etwa 50 000 Jahren stürzte ein Eisenmeteorit von 45 m Durchmesser mit einer Geschwindigkeit von 42 000 km/h auf das heutige nördliche Arizona. Der sogenannte **BARRINGER-KRATER** zählt zu den am besten erhaltenen Kratern der Erde. Man geht davon aus, dass der Meteorit beim Aufprall auf die Erde verdampfte, weshalb man um den Krater herum keine großen Teile findet. Aber du kannst rundum verstreute Meteoritenbruchstücke entdecken.

PROBIER'S AUS!

SEDIMENTE ZEMENTIEREN

Bei diesem einfachen Experiment erlebst du, wie **Sedimentgestein entsteht.** Bitte lass dir von einem Erwachsenen bei der Durchführung helfen. Es ist ein großer Spaß, eigene klastische und chemische Sedimentgesteine herzustellen!

HORNSTEIN, EIN CHEMISCHES SEDIMENTGESTEIN

KONGLOMERAT, EIN KLASTISCHES SEDIMENTGESTEIN

Du brauchst:

1 Stift

3 große Pappbecher

¼ Tasse feinen Kies

¼ Tasse Sand

¼ Tasse Humus

¼ Tasse kleine Muschelstücke (optional)

1 Tasse Wasser

3 EL Leim (wasserlöslich)

¼ TASSE HUMUS

STIFT

3 GROSSE PAPPBECHER

3 EL KLEBER

So geht es:

1. **Nummeriere die Becher:** 1, 2 und 3.

2. **Bitte einen Erwachsenen um Hilfe,** wenn du mit einem spitzen Bleistift oder Kugelschreiber Löcher in den Boden von Becher 1 bohrst. Sie sollen so klein sein, dass kein Sand hindurchfällt.

3. **Gib** Kies, Sand und Humus (und optional Muscheln) in Becher 1.

4. **Mische** Wasser und Leim in Becher 2.

5. **Halte Becher 1 über den leeren Becher 3.** Gieße die Kleber-Wasser-Lösung aus Becher 2 langsam über das Sediment in Becher 1, sodass sie durch die Löcher in den Becher 3 tropft. Becher 2 ist nun leer, Becher 3 enthält die Lösung.

6. **Halte Becher 1 über Becher 2.** Gieße die Lösung aus Becher 3 langsam über das Sediment in Becher 1, sodass sie in Becher 2 tropft. Wiederhole das mindestens fünf- bis sechsmal.

7. **In der letzten Runde** hältst du Becher 1 mit dem Sediment über Becher 2 mit der Kleber-Wasser-Lösung, bis er nicht mehr tropft. Das sollte einige Minuten dauern.

8. **Stelle Becher 1 mit dem Sediment in den leeren Becher 3,** und stelle sie und den Becher mit der Kleber-Wasser-Lösung beiseite. Lass sie zwei bis vier Tage trocknen.

9. **Ist der Kleber durch und durch getrocknet,** reißt oder schneidest du die Pappbecher vom Kleber und dem Sediment ab. Die Sedimentmischung ist ein Beispiel für klastisches Sedimentgestein. Die ausgehärtete Kleber-Wasser-Lösung ist ein Beispiel für chemisches Sedimentgestein. Beschreibe die Unterschiede und Ähnlichkeiten zwischen diesen zwei Gesteinsarten.

Becher 1 (mit den Löchern) ist immer in der Mitte; Becher 2 und Becher 3 tauschst du während des Experiments mehrmals aus.

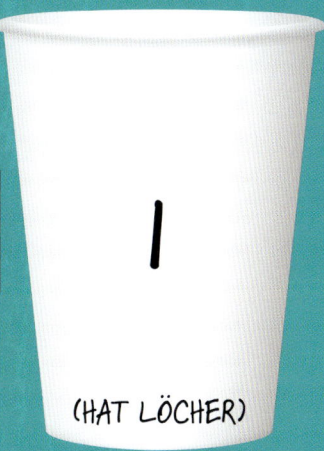

DIE PYRAMIDEN VON GIZEH BEI KAIRO (ÄGYPTEN) WURDEN UM 2600 v. Chr. AUS MAGMATISCHEM GRANIT UND DEM SEDIMENTGESTEIN KALKSTEIN ERBAUT.

EINLEITUNG

BEI MEINER FORSCHUNG GEHT ES NICHT IMMER NUR UM GESTEINE.

In Ländern wie Kenia (Afrika), wo mein Team und ich arbeiten, bemühen wir uns, den Menschen etwas zurückzugeben.

DR. SARAH STAMPS

Als Gegenleistung für einen sicheren Ort, an dem wir unsere Stationen errichten, bieten wir etwas, das die Gemeinschaft braucht. Auf einer Reise nach Kenia fanden mein Team und ich das Grundgestein, das wir für unsere Forschung benötigten. Der Ort war perfekt, weil er in einem geschützten Gebiet lag.

Der Platz lag im Schutzreservat Ol Pejeta. Seltene Tiere wie die Breitmaulnashörner leben dort und Touristen besuchen sie im Reservat. Die Stelle war perfekt, abgesehen von einer Sache: den Tieren. Wir befürchteten, dass Elefanten unsere Ausrüstung zertrampeln oder Paviane sie umwerfen würden. Sie war dort nicht sicher. Also schickte man uns zu einer Farm. Dort fanden wir großartiges Gestein: Es reichte tief hinab und war hart, einfach perfekt. Aber auch hier kamen uns Tiere in den Weg. Diesmal waren es Elefanten und ein Leopard, die Schaden anrichten konnten. Unsere Geräte sind so hoch, dass wir befürchteten, dass der Leopard sie als Kratzbaum benutzen würde!

Am Abend luden uns die Farmbesitzer zu Tee und einem besonderen, dünnen und knusprigen Brot aus der Region ein. Sie erzählten uns von ihrem Wassermangel. Es gab weniger Regen, als sie brauchten, und daher war die ganze Gegend trocken. Der Geophysiker unseres Teams bot ihnen an, die Gegend kostenlos zu erkunden, um die beste Stelle für eine Wasserbohrung zu finden – Felsen, die an einer Verwerfung aneinandergrenzen. Wir wollten auch Investoren suchen, die Geld für die Bohrung spenden würden.

Obwohl die Farm unser Problem nicht lösen konnte, weil die Gefahr bestand, dass Tiere unsere Ausrüstung beschädigten, freuten wir uns, diesen netten Menschen helfen zu können.

Wenn wir einen Ort mit perfektem Gestein für unsere Messungen finden, verhandeln wir mit den Besitzern des Bodens, um uns erkenntlich zu zeigen. Das Gestein ist sehr wichtig für unsere Arbeit. Deshalb müssen wir eine Lösung finden, die es uns ermöglicht, unsere Ausrüstung sicher aufzustellen.

In der Vergangenheit haben wir für die Reparatur einer defekten Solarstromanlage einer Schule und die Installation eines Wassertanks in einem Studentenwohnheim für Mädchen gesorgt, einmal sogar für den Bau von Toiletten.

ES KANN SCHWIERIG SEIN, DIE **PERFEKTE STELLE** FÜR DAS AUFSTELLEN WERTVOLLER **FORSCHUNGSAUSRÜSTUNG** ZU FINDEN, INSBESONDERE, WENN **ELEFANTEN**, NASHÖRNER UND LEOPARDEN SIE **ZERTRAMPELN** KÖNNTEN.

DR. STAMPS' IM GRUNDGESTEIN BEFESTIGTE AUSRÜSTUNG IM SCHUTZGEBIET OL PEJETA IN KENIA

BREITMAULNASHÖRNER IM SCHUTZGEBIET OL PEJETA IN KENIA (AFRIKA)

OL PEJETA IST DIE HEIMAT VON 30 SÜDLICHEN BREITMAULNASHÖRNERN UND DEN BEIDEN LETZTEN NÖRDLICHEN BREITMAULNASHÖRNERN.

HALTE INNE UND SCHAU DIR DEINE UMGEBUNG EINMAL GENAU AN.

Auch wenn du keine Gesteine oder Mineralien entdeckst, werden überall, wo du hinblickst, auf irgendeine Weise welche verwendet.

Siehst du einen Computer? Er hat wahrscheinlich Kupferkabel und seine Elektronik enthält Silber und Quarz. Dein Bleistift besteht aus Grafit, Gehwege aus Beton enthalten Kies und Sand, Scheren sind aus Eisen und Nickel. Sogar dein Mittagessen enthält Mineralien – aber keine Steine! Schauen wir mal, wie Steine und Mineralien in unserem Alltag genutzt werden.

Kunstvolle Bauten, gebaute Kunst

Viele Gebäude, in denen wir leben, spielen und arbeiten, sind aus Lehmziegeln gebaut. Lehm ist eine Kombination von Mineralien einschließlich einer Mischung aus Silicium, Sauerstoff und Aluminium, genannt Alumosilicat. In vielen Häusern gibt es Arbeitsplatten aus Granit, Speckstein oder Quarz. Marmor, Schiefer und Terrakotta, ein roter Ton, dienen in Häusern und Geschäften als Bodenbelag. Brücken können aus Granit, Kalkstein, Beton oder Stahl bestehen. Stahl wird aus Mineralien hergestellt, etwa den Eisenerzen Hämatit und Magnetit.

Steine und Mineralien werden auch für die Herstellung von Glas (das Quarzsand enthält), Gipskartonplatten (die Gips enthalten) und Wolkenkratzergerüsten (die aus Stahl bestehen, einer Mischung aus Eisen und Kohlenstoff) verwendet. Viele Wandfarben enthalten Mineralien, etwa Calciumcarbonat, Ton, Talk und Zinkoxid.

Gesteine und Mineralien kommen auch in der Kunst zum Einsatz – vor 65 000 Jahren in den prähistorischen Höhlenmalereien bis in die heutige Zeit. Schwarz und ein Rotton namens Ocker waren die Hauptfarben, mit denen die alten Völker Geschichten an Höhlenwände malten. Roter Ocker wurde aus dem Mineral Hämatit (Eisenoxid, einer Verbindung von Eisen

KUPFERDRÄHTE IM INNEREN EINES COMPUTERS

und Sauerstoff) und schwarze Farbe aus Holzkohle und Mangandioxid (einer Verbindung von Mangan und Sauerstoff) hergestellt.

Als die Menschen auf Leinwände zu malen begannen, stellten sie Farben aus verschiedenen Arten von Mineralpulvern oder Steinen her, die mit Wachs oder tierischem Fett gemischt wurden, z. B.:

- Azurit: Blau
- Cinnabarit: Zinnoberrot (rötlich-orange)
- Kohle: Schwarz
- Diatomit: Weiß
- Hämatit: Rot
- Lapislazuli: Dunkelblau
- Malachit: Grün
- Limonit: Gelb

Viele Mineralfarben sind giftig. Daher werden Farben heutzutage oft aus synthetischen Materialien hergestellt.

Steine und Mineralien findet man in der Kunst nicht nur als Farben. In der Antike begannen Künstler, detailgenaue, naturgetreue Statuen aus Stein zu hauen. Marmor lässt sich leicht bearbeiten, und je nach Mineralverunreinigungen und anderen Elementen tritt er in Schwarz-, Braun-, Grau-, Grün-, Rosa- oder Weißtönen auf. Michelangelos Statue *David* zeigt, wie realistisch Marmorstatuen aus den Händen eines erfahrenen und kreativen Künstlers sein können. Kalkstein, die sedimentäre, weichere Version von Marmor, wird auch für Statuen verwendet.

Auf der Osterinsel, auch Rapa Nui genannt, einer Vulkaninsel im südöstlichen Pazifik, stehen etwa 900 Statuen. Im Durchschnitt sind sie 4 m hoch und 13 Tonnen schwer. Diese kolossalen Steinköpfe, Moai genannt, entstanden zwischen dem Jahr 1100 und der Mitte des 17. Jahrhunderts aus Tuffstein. Kürzlich haben Wissenschaftler entdeckt, dass die Köpfe der Osterinsel

MICHELANGELOS *DAVID*, DEN MAN IN FLORENZ (ITALIEN) BESICHTIGEN KANN, IST EINE STATUE AUS MARMOR.

AUS KALKSTEIN UND GRANIT BESTEHEN DIE TÜRME DER BROOKLYN BRIDGE IN NEW YORK CITY.

DIE STATUEN AUF DER OSTERINSEL BESTEHEN AUS TUFFSTEIN.

DER MAJESTÄTISCHE TAJ MAHAL IN INDIEN BESTEHT AUS METAMORPHEM GESTEIN – WEISSEM MARMOR, UM GENAU ZU SEIN.

DER TAJ MAHAL IN AGRA (INDIEN)

GEBÄUDE AUS STEIN

SEIT DER ANTIKE BAUEN DIE MENSCHEN MIT STEIN. Die ältesten ägyptischen Skulpturen und Gebäude aus Stein entstanden bereits um 2600 v. Chr. Die ägyptischen Pyramiden wurden aus magmatischem Granit und sedimentärem Kalkstein erbaut. Die größte davon ist 138,75 m hoch. Der Taj Mahal in Indien ist ein Meisterwerk aus metamorphem weißem Marmor, für dessen Bau rund 20 000 Menschen und 1000 Elefanten eingesetzt wurden. Seinen Innenraum zieren Edelsteine wie Lapislazuli und Amethyst. Der Bau begann 1632 und dauerte etwa 20 Jahre. Am höchsten Punkt misst der Taj Mahal 73 m. Sowohl die Pyramiden als auch der Taj Mahal sind Grabmäler – die Pyramiden für verstorbene Pharaonen und der Taj Mahal für die Lieblingsfrau eines Großmoguls.

auch Körper haben! Vermutlich wurden sie im Laufe der Zeit auf natürliche Weise unter Erde begraben. Niemand weiß genau, warum diese Statuen geschaffen wurden. Die Rapa Nui, die Bewohner der Insel, hinterließen keine schriftliche Erklärung. Weil die Kultur ausstarb, gibt es auch keine mündlich überlieferte Geschichte mehr.

Steine und Mineralien werden auch gern als Schmuck verwendet. Diamanten, Granate, Gold, Silber und Smaragde funkeln, wenn man sie schleift und poliert. Seit jeher haben sich die Menschen mit bunten Edelsteinen an Fingern, Handgelenken, Ohren und am Hals geschmückt.

CALCIUM IN DER NAHRUNG UND DEN GETRÄNKEN WIE DER MILCH SORGT FÜR GESUNDE KNOCHEN UND ZÄHNE.

Stark und gesund mit Mineralien

Bisher haben wir uns die Steine und Mineralien in unserer Umgebung angesehen. Aber wir brauchen auch Mineralien, damit unser Körper gesund bleibt. Wir nehmen sie mit dem Wasser und den Lebensmitteln auf, die wir zu uns nehmen. Ohne sie könnten wir nicht leben.

Die meisten Mineralien, die wir für unsere Gesundheit benötigen, befinden sich auf der Erdkruste. Aber es würde uns nicht gut bekommen, den Boden und die Steine zu essen, aus denen die Kruste besteht. Das wäre auch nicht sehr lecker. Stattdessen zersetzen Verwitterung und Erosion das Gestein und seine Mineralien werden Bestandteil des Bodens. Die Pflanzen nehmen die Mineralien, Wasser und andere Nährstoffe über ihre Wurzeln aus dem Boden auf. Tiere fressen die Pflanzen mit den darin gespeicherten Mineralien. Und wenn wir Pflanzen essen oder Tiere, die Pflanzen gefressen haben, nehmen wir die Mineralien auf, die wir für unsere Gesundheit brauchen.

Warum brauchen wir Mineralien? Nun, ohne sie wärst du ganz schlaff und könntest dein Essen nicht kauen. Calcium trägt nämlich zum Knochen- und Zahnaufbau bei. Ohne Magnesium und Kalium würden deine Nerven und Muskeln nicht richtig funktionieren. Eisen ist Teil deiner roten Blutkörperchen, die Sauerstoff durch deinen Körper transportieren. Und Zink

FREI LAUFENDE HÜHNER ERHALTEN NÄHRSTOFFE AUS DEM GEFRESSENEN GRAS, DAS SIE WIEDERUM AUS DEM BODEN BEZIEHT.

GEMÜSE WIE KAROTTEN ERHALTEN IHRE MINERALIEN AUS DEM BODEN, IN DEM SIE WACHSEN.

QUECKSILBER VERGIFTETE DEN HUTMACHER

MANCHE MINERALIEN SIND FÜR UNS SCHÄDLICH – Quecksilber etwa. Mitte des 19. Jahrhunderts tränkten britische Hutmacher Wollfilz mit Quecksilbernitrat, einer Quecksilberlösung, und fertigten aus dem Filz dann Hüte. Tagtäglich atmeten die Hutmacher die Dämpfe dieses giftigen Gebräus ein. Nach einer gewissen Zeit litt ihre Gesundheit darunter. Sie begannen zu zucken und zu sabbern und benahmen sich seltsam. So kam es, dass man jemanden, der sich seltsam benahm, als „verrückt wie ein Hutmacher" bezeichnete.

Zu jener Zeit schrieb Lewis Carroll *Alice im Wunderland*. Die Figur des verrückten Hutmachers geht wohl auf diese Redewendung zurück. In den USA wurde Quecksilber in der Filzherstellung 1941 verboten.

DER VERRÜCKTE HUTMACHER AUS *ALICE IM WUNDERLAND*

QUECKSILBER IST BEI RAUMTEMPERATUR FLÜSSIG.

hält dein Immunsystem aufrecht, damit es Krankheiten abwehren kann. Das sind nur einige der Mineralien, die uns gesund halten.

Auch das Besteck, mit dem wir unsere mineralreiche Nahrung essen, besteht aus Mineralien. Meistens sind es Gabeln und Messer aus rostfreiem Stahl, der vor allem aus Eisen und Chrom besteht. Soll es mal ganz schick sein, ist das Besteck aus Silber oder Kupfer.

Mineralien sind nicht nur in der Nahrung enthalten, sondern auch in Nahrungsergänzungsmitteln. Manche Menschen nehmen Vitamin- und Mineraltabletten ein. In der Regel bekommt man jedoch alle nötigen Vitamine und Mineralien, wenn man sich gesund ernährt.

Wir nutzen Mineralien auch für medizinische Zwecke. Erwachsene können Natriumhydrogencarbonat (Natron) zu sich nehmen, um Sodbrennen zu lindern. Silber in Cremes und Verbänden fördert die Heilung und bremst das Bakterienwachstum. Kupfer tötet Viren, Bakterien und Pilze ab. Daher gibt es für Krankenhäuser kupferhaltige Bettwäsche und Kittel sowie Bettgitter und Waschbecken aus Kupfer. Diese Liste könnte noch unendlich verlängert werden.

Werkzeuge und Techniken

Die meisten Werkzeuge sind aus Stein und Mineralien hergestellt worden. Das begann vor etwa 2,5 Millionen Jahren, als Steine als Hammer dienten, mit denen man andere Steine bearbeitete. Mit solchen Hammersteinen wurden Nüsse geöffnet und Tierknochen, Samen und Ton zerkleinert. Aus dem zerstoßenen Ton stellte man Pigmente her. Mit Hammersteinen fertigte man die ersten Messer und Werkzeuge zum Graben an. Viele heutige

EINE DIAMANTBESCHICHTETE KREISSÄGE IST SO STARK, DASS SIE STEIN DURCHSCHNEIDEN KANN.

Werkzeuge sind komplexe Stahlmaschinen aus Eisen und Kohlenstoff. Diamant, eines der härtesten Materialien der Erde, wird in vielen Industrien in Schneide- und Bohrwerkzeugen verwendet. So wird mit diamantbeschichteten Sägeblättern hartes Gestein geschnitten. Schleifpapier besteht aus Aluminiumoxid oder, kaum zu glauben, dem Edelstein Granat.

Steine und Mineralien sind auch der Technik nicht fremd. Quarze halten Uhrwerke in Gang, aber auch elektronische Spiele, Fernsehgeräte, Mobiltelefone, Computer und GPS-Geräte. Barium wird in Röntgengeräten verwendet, Kupfer leitet Strom und dient oft als Kabel, Grafit und Lithium sind in Batterien enthalten. So gut wie immer, wenn du einen Schalter betätigst oder etwas anklickst, sind Steine oder Mineralien irgendwie beteiligt.

SANDPAPIER AUS ALUMINIUMOXID

Steine und Mineralien haben mit der Technik unsere Wohnungen erobert: Denke nur an Granitplatten, an Gipskartonwände und an mit Wolfram aus den Mineralien Scheelit und Wolframit veredelte Werkzeuge. Und unsere Badewannen, Toiletten und Waschbecken bestehen aus Porzellan, einer Mischung aus Feldspat, Kaolin und Quarz. In jedem Zimmer findest du etwas, das einmal ein Stein oder Mineral gewesen ist.

PROBIER'S AUS!

FARBEN AUS STEIN

Jahrhundertelang haben die Menschen Farben aus Steinen hergestellt. Das kannst du auch! Du brauchst dafür nur etwas Finderglück und Muskelschmalz.

Als Erstes musst du die richtigen Steine finden. Sie sollten weich sein – Sandstein mit seinen winzigen Körnern ist gut geeignet – und eine kräftige Farbe haben. Kratze mit dem Fingernagel daran, um die Härte zu prüfen. Mit handtellergroßen Steinen kannst du am besten arbeiten.

BEISPIELE FÜR SANDSTEIN

Das machst du mit deinen Steinen:

1. **Wenn du nach Hause kommst, wäschst du die Steine und lässt sie trocknen.** Sehr weiche Steine reibst du über einem Teller oder einer Schüssel aneinander, sodass sie sich in Pulver auflösen. Fahre damit fort, bis du die gewünschte Menge Pigment hast. Sind deine Steine dafür zu hart, geht es mit Schritt 2 weiter.

2. **Bitte einen Erwachsenen, dir bei diesem Schritt zu helfen, und trage eine Sicherheitsbrille.** Gehe am besten ins Freie. Zermahle deine Steine im Mörser mit dem Stößel zu Pulver. Das wird einige Zeit dauern. Du kannst etwas Wasser hinzufügen, damit der Staub nicht davonfliegt. Hast du keinen Mörser und Stößel, legst du die Steine auf ein altes Handtuch, faltest es über die Steine und bittest einen Erwachsenen, dir dabei zu helfen, die Steine mit einem Hammer zu zertrümmern. Je feiner das Pulver, desto glatter wird die Farbe.

3. **Gieße langsam Wasser hinzu, bis die Farbe dickflüssig ist.** Je weniger Wasser, desto leuchtender wird die Farbe. Nun kann dein Meisterwerk entstehen!

SICHERHEITSBRILLE

HAMMER

MÖRSER UND STÖSSEL

HANDTUCH (OPTIONAL)

WASSER

Wasser wirkt als Bindemittel. Es verwandelt das Pulver aus deinen Steinen in flüssige Farbe. Auch andere Flüssigkeiten, die der Farbe unterschiedliche Intensität und Tiefe verleihen, eignen sich als Bindemittel. Dazu zählen Leinöl, das um das 17. Jahrhundert häufig verwendet wurde, Eigelb, das eine dauerhafte, schnell trocknende Farbe ergibt, und Bienenwachs, das bei den alten Griechen gebräuchlich war.

GLOSSAR

ABLAGERUNG: Eine natürliche Ansammlung

AGGREGAT: Eine Masse aus Gesteinen oder Mineralien oder beidem

ASTHENOSPHÄRE: Region im oberen Erdmantel unterhalb der Lithosphäre, in der das Gestein teilweise geschmolzen ist

ATOM: Grundlegender Baustein der Materie; kleinster Teil eines Elements, der allein oder in Verbindung mit anderen Elementen vorkommen kann

ATOMKERN: Das Zentrum eines Atoms, das aus Protonen und Neutronen besteht

BRUCH: Die Art, wie ein Mineral mit unregelmäßigen Flächen zerbricht, im Unterschied zur Spaltbarkeit

CALCIT: Mineral aus der Gruppe der Carbonate mit der chemischen Formel $CaCO_3$

CARBONAT: Mineral aus einer Verbindung von Kohlenstoff, Sauerstoff und einem weiteren metallischen oder halbmetallischen Element

DICHTE: Eine hohe Dichte hat ein Gestein oder Mineral, das für seine Größe schwer ist.

EIGENSCHAFT: Ein physikalisches oder chemisches Merkmal eines Minerals

ELEKTRON: Ein winziges, negativ geladenes Teilchen, das um einen Atomkern kreist

ELEMENT: Eine Substanz, die chemisch nicht in kleinere Bestandteile zerlegt werden kann; jedes Element hat eine individuelle Anzahl Protonen

ELEMENTE: Mineralien, die nur aus einer Art von Atomen bestehen; unterteilt in Metalle, Halbmetalle und Nichtmetalle

ERDKERN: Zentrum der Erde; besteht aus dem festen inneren und dem flüssigen äußeren Kern

ERDKRUSTE: Der harte oberste Teil der Erde, auf dem Leben existiert. Man unterscheidet zwischen ozeanischer und kontinentaler Kruste.

EROSION: Der Prozess, durch den Sediment von einem Ort an einen anderen transportiert wird

ERZ: Ein Gestein oder Mineral, das etwas Wertvolles wie ein Metall enthält; kann durch Bergbau gewonnen werden

EXTRUSIVGESTEIN: Magmatisches Gestein, das entsteht, wenn Magma durch einen Vulkan an die Erdoberfläche gelangt und schnell abkühlt

FARBE: Eigenschaft zur Identifizierung eines Minerals

FASERIG: Ein Mineralhabitus bzw. eine Mineralform, die aus dünnen Fasern besteht

FELDSPAT: Eine Gruppe häufig vorkommender Silicatmineralien, die gesteinsbildend sind und in magmatischem, metamorphem und sedimentärem Gestein vorkommen; Feldspate machen über die Hälfte der Erdkruste aus.

FELSISCH: Helle Gesteine von geringem Gewicht, die vor allem aus sehr siliciumdioxid- und aluminiumhaltigen Mineralien bestehen

FLÄCHE: Ebene eines Kristalls

FLUORESZENZ: Die Eigenschaft, im Dunkeln unter ultraviolettem Licht zu leuchten

GESCHIEFERT: Ein Gestein mit blattartigen Schichten

GLANZ: Die Art, wie Licht von einem Mineral reflektiert wird; eine der Eigenschaften, mit denen ein Mineral bestimmt wird

GLASIG: Magmatisches Gestein, das so schnell abkühlt, dass sich keine Kristalle bilden können; die Oberfläche ist glatt und glänzend wie Glas.

GRABENBRUCH: Tief gelegenes Land zwischen Hügeln oder Bergen, das durch auseinanderdriftende tektonische Platten entsteht.

HABITUS: Die Kristallform eines Minerals, die oft seinem Kristallgitter entspricht

HALBMETALL: Ein Element mit Eigenschaften zwischen denen der Metalle und der Nichtmetalle; auch Metalloid genannt

HÄRTE: Maß der Unempfindlichkeit eines Minerals für Kratzer durch ein anderes Mineral

INTRUSIVGESTEIN: Magmatisches Gestein mit rauer Oberfläche und großen Kristallen, die langsam unterirdisch wachsen, wenn Magma abkühlt; auch Plutonit genannt

ISOMETRISCH: Eine der sieben Kristallgitterformen bzw. Kristallsysteme; der Kristall ist ein Kubus

KLASTISCH: Gebildet aus Bestandteilen bereits vorhandener Mineralien und Gesteine
KONGLOMERAT: Ein klastisches Sedimentgestein aus runden Kieseln, die mit Quarz- und Calcitkörnchen zementiert sind
KONVERGIERENDE PLATTENGRENZE: Eine Grenze zwischen zwei tektonischen Platten, die sich aufeinander zubewegen
KORN: Ein Gesteins- oder Mineralteilchen mit wenigen Millimetern Durchmesser; ermöglicht die Gesteinstextur zu beschreiben, z. B. als feinkörnig
KREIDE: Ein weicher, heller Kalkstein
KRISTALL: Natürliche harte Substanz, deren Atome in einem dreidimensionalen Muster geordnet sind
KRISTALLGITTER: Das Muster, das Atome in einem Kristall bilden.
KRISTALLSYSTEM: Die sieben grundlegenden Formen von Kristallen
KUBUS: Eine Kristallform mit sechs gleich großen Flächen, wie bei einem Würfel
LAVA: Heißes, geschmolzenes Gestein, das an die Erdoberfläche gelangt ist
LITHOSPHÄRE: Die äußere Schicht der Erde; umfasst die Kruste und den äußersten Teil des Mantels
MAFIT: Schweres, dunkles Gestein, vorwiegend aus magnesium- und eisenreichen Mineralien
MAGMA: Heißes, geschmolzenes Gestein unter oder innerhalb der Erdkruste
MAGMATISCH: Eine Gesteinsart, die beim Abkühlen und Erstarren von Magma und Lava entsteht
MANTEL: Die größte Schicht der Erde zwischen der Basis der Kruste und der Obergrenze des Kerns; sie wird in oberen und unteren Mantel unterteilt.
METALLISCH: Mineralien, die wie Metall glänzen, z. B. Gold
METAMORPH: Gestein, das durch Hitze und immensen Druck tief in der Erde entsteht, wobei sich neue Mineralien bilden
METEOR: Ein Stück Gestein oder Metall, das verglüht, wenn es aus dem Weltraum in die Erdatmosphäre eintritt; auch Sternschnuppe genannt
METEORIT: Ein Meteor, der nicht verbrennt, bevor er auf die Erde auftrifft

SCHÖNE MUSTER IN EINER ACHAT-GEODE. ACHAT IST EINE VARIETÄT VON QUARZ.

METEOROID: Ein Asteroid, der sich Richtung Erde bewegt
MOLEKÜL: Zwei oder mehr Atome, die eine Verbindung eingegangen sind
MUSCHELIG: Geformt wie eine Muschelschale, rund und glatt
NEUTRON: Ein winziges Partikel ohne elektrische Ladung, das sich im Kern aller Atome außer Wasserstoffatomen befindet
OKTAEDRISCH: Eine Kristallform mit acht dreieckigen Flächen in vier Richtungen
OPAK: Nicht durchsichtig; eine Substanz, durch die kein Licht dringt
ORGANISCH: Bestehend aus Material, das einmal gelebt hat oder von einem Lebewesen stammt
ORTHORHOMBISCH: Eine der sieben Kristallformen bzw. -systeme mit drei ungleichen Achsen, die rechtwinklig zueinander stehen
PERIODENSYSTEM: Eine Tabelle, in der alle Elemente nach ihrer Atomzahl angeordnet sind
PLAGIOKLAS: Eine von zwei Feldspat-Gruppen, die viel Calcium und Natrium enthält
PLATTENTEKTONIK: Eine Theorie, der zufolge die Lithosphäre, der äußere Bereich der Erde, in Platten unterteilt ist, die sich bewegen und Erdbeben verursachen, Berge bilden und auf andere Weise die Erdoberfläche verändern
PORÖS: Voller Poren, Zellen und anderer Hohlräume, die miteinander verbunden sein können

PRIMÄRMINERAL: Ein Mineral, das aus abkühlendem Magma entsteht
PROTON: Ein winziges, positiv geladenes Partikel im Kern eines Atoms
SÄULIG: Kristallstruktur aus einzelnen, oft parallelen Säulen
SAURER REGEN: Regen, der durch Luftverschmutzung Säuren aufgenommen hat
SCHLAMM: Lockeres Sediment, das winzige Gesteinspartikel enthält
SCHOTTER: Lockeres Sediment, das Gesteinstrümmer enthält
SEDIMENT: Fragmente von Steinen und Mineralien sowie tierischem und pflanzlichem Material
SEDIMENTGESTEIN: Gestein aus aufgeschichteten Sedimenten, das zementiert wurde
SEKUNDÄRES MINERAL: Ein Mineral, das sich nahe an oder auf der Erdoberfläche aus Stücken verwitterten Primärminerals bildet
SPALTBARKEIT: Brüchigkeit entlang glatten Ebenen in der Oberfläche einer Kristallstruktur
SPEZIFISCHES GEWICHT: Maß für das Gewicht eines Minerals im Vergleich zum selben Volumen Wasser
SPRÖDE: Brüchig oder zerfällt leicht
STALAGMIT: Kegel- oder eiszapfenförmige Mineralablagerung, die auf einem Höhlenboden wächst
STALAKTIT: Kegel- oder eiszapfenförmige Mineralablagerung, die von einer Höhlendecke herabhängt
STEINKOHLE: Dunkles, gebändertes Sedimentgestein, das vor allem als Brennstoff zur Energieerzeugung genutzt wird
STRICH: Die Farbe des Pulvers eines Minerals
TAFELIG: Lange, flache Kristallform
TEKTONISCHE PLATTE: Eines der riesigen Stücke der Erdlithosphäre, die sich bewegen und aufeinanderprallen und auf diese Weise Erdbeben und Vulkanausbrüche verursachen
TETRAEDER: Eine dreieckige Pyramidenform; diese Form bilden z. B. vier Sauerstoffatome um ein Siliciumatom in einem Silicat. Die Anordnung des Tetraeders in einem Silicat bestimmt dessen Untergruppe.
TETRAGONAL: Eines der sieben Kristallsysteme; es sieht aus wie ein rechteckiger Kubus mit einem Prisma und quadratischer Grundfläche
TRANSPARENT: Ein Gegenstand, der durchsichtig ist
VERUNREINIGUNG: Ein Element, das in einen Kristall eines Minerals eindringt, aber kein natürlicher Bestandteil davon ist. Eine Verunreinigung kann die Farbe eines Minerals beeinflussen.
VERWERFUNG: Langer Bruch oder Riss in der Erdkruste
VERWITTERN: Der langsame Prozess, der Gestein durch Wettereinflüsse wie Regen und Wind in Sediment zersetzt
VULKAN: Eine Öffnung in der Erdoberfläche, durch die geschmolzenes Gestein und Gase austreten
ZERSETZEN: Etwas in seine Bestandteile zerkleinern

WEITERE SPANNENDE BÜCHER ÜBER ÄHNLICHE THEMEN:

DuBois, Michael und Hilden, Katri, *Für Eltern verboten: Unsere cool verrückte Erde*, National Geographic Kids, 2013

Hughes, Catherine D., *Mein großes Buch über das Weltall*, National Geographic Kids, 2018

Nargi, Lela, *Superexperte Vulkane*, National Geographic Kids, 2019

REGISTER

Fettdruck verweist auf Fotos oder Illustrationen.

A
Achat 30–31, **107**
Adamit 59, **59**
Ägypten, altes 49, **49**, 53, **53**, **94–95**, 100
Aktivitäten
    Baue dir einen Vulkan 28–29, **28–29**
    Farben aus Stein 104–105, **104–105**
    Kristalllutscher 64–65, **64–65**
    Sedimente zementieren 92–93, **92–93**
Alexandrit **62–63**
Amethyst **35**, **36**, 61, **63**, 100
Andesit 76
Antimon 49, **49**, 50
Aquamarin 60, **63**
Aragonit 43, 54, **55**
Asteroiden 12, 89, 90, **91**
Asthenosphäre 14, 16, 17, 19
Atome 22, 34, 37, 46–47, 48, 73, 106, 108
Azurit 39, 41, 54, 99
Azurmalachit 54, **54**

B
Baryt 39, 40, 56, **56**
Basalt 21, 23, 26, 27, **66–67**, 70, 72–73, 74, **74**, 75
Bernstein 25, **25**, 61
Bims 20, 74, 76, **76**, 79
Biotit **41**, 72, **72**, 76, 88
Brekzien 80, 81, **81**

C
Calcit **45**, 55, 80, 82, 88
    am Wasserhahn 79, **79**
    Fluoreszenz **59**
    Härtemessung **44**, 45
    Steinzapfen 83, **83**
Calcium: im Essen und Trinken 101
Calciumcarbonat 55, 82, 98
Carbonate 48, 54, **54**, 82, 106
Cinnabarit 41, 51, **51**, 53, 99
Coelestin **36**, 39

D
Dana, James Dwight 48, **48**
Diamanten
    geschliffen und poliert **62**, 101
    Eigenschaften 37, 40, 44, 45
    Entstehung 34, 37, 74
    roh **74**
    Verwendungen 101, 103
Diatomit 99
Dolomit 42, **42**, 54, 55

E
Edelsteine 61, **61**, **62–63**, 73, 79, 81, 101
Eis 25, **25**, 34, 53
Elemente, Periodensystem der 46–47, **46–47**
Elemente 48–50
Erdbeben 7, 10, 17, 18, 19, 20, 27, 32, 107
Erde (Planet)
    außerirdische Gesteine 89, 90, 91, **91**
    Entstehung 13
    Magnetfeld 14, 15
    Plattentektonik 7, 18–19, 26–27, **27**, 68, 107
    Schichten 13–18, **16**

F
Farben: aus Gesteinen und Mineralien 53, 55, 86, 98–99; selbst herstellen 104–105, **104–105**
Feldspat 16, 18, 43, **45**, 54, **72**, 74, 76, 80, 81, 88, 103, 106, 107
Feuerring 20, **20**
Feuerstein 61, 86, **86**
Feuerwerk 36, 39, **39**, 50
Fluoreszenz 59, **59**, 106
Fluorit 42, **42**, **45**, **58**, 58–59
Fossilien 18, 24, **24**, 80, **80**, **84**; siehe auch Bernstein; versteinertes Holz
Fuji, Berg, Japan 21, **21**

G
Gabbro 72–73, 74
Gagat 61, **61**
Galápagos-Inseln, Südpazifik 75, **75**
Galenit 41, **42**, **43**, 51, 52, **52**
Gaspeit 55, **55**
Geburtssteine 62–63, **62–63**
Geoden 36, **36**, 59, 61
geschmolzenes Gestein **12**, 13, 17, 20, **20**, 23, 70
Gesteine
    außerirdisch 89, 90–91, **90–91**
    Felsite und Mafite 74, **74**
    Gesteinszyklus **26**, 26
    magmatisch 23, 26, **26**, 70, 72–75, 79, 107
    metamorph 23, 24, 24, 26, **26**, 86–88, 107
    sedimentär 23, 24, **24**, 26, **26**, 78, **78**, 79–86, 108
    seltsame 25, **25**
    was sie sind 23
Gesundheit und Mineralien 37, 101–102
Giant's Causeway, Nordirland 71, **71**
Gips **35**, **45**, 56, 59, 80, 82, 84, 86, 98, 103
Glimmer 41, 42, 72, 81, 87, 88
Global Positioning System (GPS) 10, 32, **33**, 68, 77, 103
Gneis 68, **87**, 87–88
Gold 22, 37, 38, 40, 41, 43, 48, 51, 52, 101
Grafit **35**, 37, 50, 74, 98, 103
Granat 15, **62**, 101, 103
Grand Canyon, Arizona (USA) **80**, 81
Granit 72
    als Baumaterial 73, 94, 98, 99, 100, 103
    Kristalle 70, 76
    Nahaufnahme **74**
    Skulpturen 73, **73**
Grundgestein 7, 69, 96, **97**

H
Halbmetalle 48, 50
Halit, siehe Salz
Halogenide 48, 58–59
Hämatit 39, 41, **41**, 53, **53**, 98, 99
Höhlen 36, 59, 83, **83**, 98
Hornfels 88, **88**
Hornstein 86, **92**

J
Jade 60, **60**

K
Kaiserin von Uruguay (Geode) 36, **36**
Kalkstein 24, 82, 83, 84, **84**, 86, 88, **94–95**, 98, **98**, 100, 102, 107
Katzengold, siehe Pyrit
Kaolinit 40, **40**
Kenia **6**, 96, **97**
Kilauea (Vulkan) Hawaii (USA) 21, **21**
Kimberlit 73, 74, **74**, 75
Kohle 25, **25**, 84, **84**, 99
Kometen 12, 89
Konglomerat 79, 80, 81, **81**, **92**, 107
Korund 38, **38**, 45, **45**, 73
Kreide 84, 86, 106
Kristalle
    Experiment 64–65, **64–65**
    Geoden 36, **36**, 59, 61
    Habitus 106
    Kristallgestalt 34
    Kristallgitter 34, **35**
    und Mineralien 37
Kupfer
    angeschwemmtes Kupfer 49, **49**
    Erze 52, 54, **54–55**
    Minen 32, 52, **52**
    Verwendung 22, 39, 49, 98, **98**, 102, 103
Kyanit **35**, 41, 43

L
Lapislazuli 86, **86**, 99, 100

Lava, abgekühlt: Nahaufnahme 75
Lavadome 21, **21**
Lavaströme 12, 13, 20, 77, 79
Limonit 43, **43,** 99
Lithosphäre 14, 16, 17–19, 23, 27, 107

M
Madagaskar 32, **33**
Magma 13
    Bestandteile 20, 70
    Explosion 20, 74
    Gesteinszyklus **26,** 26–27
    Kristallwachstum 34
    Temperaturen 70
Magmatisches Gestein 23, **26,** 27, 36, 70, 72–75, 79, 86, 106
Magnetit 14, **14,** 43, 98
Malachit 39, 40, **41,** 54, 99
Marmor 24, **24,** 88, **88,** 98, 99, **99, 100**
Mars (Planet) 53, **53,** 81, **81**
Mauna Kea (Vulkan), Hawaii (USA) 21, **21**
Metalle 12, 13, 39, 43, 48, 52, 54, 75
Metamorphes Gestein 7, 23, 24, 26, 86–88
Meteoriten 12, **14,** 19, **89,** 89–91, **90–91,** 107
Minen und Bergbau 23, 32, 52, **52**
Mineralien
    Bruch 42–43
    chemische Formeln 46–47, 48
    Eigenschaften 37–38, 40–44
    Farbe 38, 39
    Glanz 40
    Härte 44, 45
    Hauptgruppen 48, 50–51, 53–61
    Klassifizierung 48
    seltsame Eigenschaften 25, **25**
    Spaltbarkeit 38, 41–42, **42,** 46, 106
    spezifisches Gewicht 43
    Strichfarbe 40–41, **41**
    was sie sind 22
Mohs-Skala 44, 45, **45**
Mohs, Friedrich 44, **44**
Mount Everest, China-Nepal 19, **19,** 82
Mount Rushmore, South Dakota (USA) 73, **73**

N
Narrengold, siehe Pyrit
Nichtmetalle 48, 50

O
Obsidian 25, **25,** 43, 75–76, **76**
Ol Doinyo Lengai (Vulkan), Tansania 7, 10, **11**
Ol Pejeta, Schutzgebiet, Kenia 96, **97**
Olivin 15, **15, 72,** 73, 89
Osterinsel, Südpazifik 99, **99**
Oxide 48, 52, 53–54

P
Pangäa (Superkontinent) 18, **18**
Pegmatit 73
Peridot **62,** 89
Peridotit 16, 73–74, 75
Periodensystem 46–47, **46–47**
Phosphate 48, 57
Phosphor 49, **49,** 50, 57
Pigment 53, 55, 102, 105
Planeten 12–13, **13,** 15; siehe auch Erde; Mars
Plattentektonik 7, 18–19, 26–27, **27,** 68
Puy de Dôme (Vulkane), Frankreich 21, **21**
Pyramiden: Ägypten **94–95,** 100
Pyrit 35, **35,** 38, 40, 41, 43, **50–51,** 51, 81, 86, 88
Pyromorphit 57, **57**

Q
Quarz
    Eigenschaften 38, 40, 43, 44, 45, 60–61
    Geoden 36
    Härtetest **44**
    Kristalle **40, 45,** 85, 86, 103
    Verwendung 98, 103
Quarzit 88
Quecksilber (Element) 25, **25,** 48, 53, 102, **102**

R
Rhyolit 76, 79

Rubin 38, 61, **63**

S
Salz
    chemische Formel 46, **46**
    Formationen 58, **58**
    Kristalle 22, **22,** 34, 42, 82
    Steinsalz 42, 82, 84
    Tafelsalz 46, **46,** 58, 82
Sandstein 80–81, 88, 104, **104**
    Canyons **8–9, 80,** 81
    Gesteinsformationen **2–3,** 78
Saphir 38, **38,** 54, 61, 62, **62,** 73
    Säulen **66–67,** 71, **71**
Schichtvulkane 21, **21,** 76
Schiefer 80, 81, **81, 87,** 87–88, 98
Schildvulkane 21, **21,** 75
Schlacken- und Aschenkegel 21, **21**
Schwarzer Sand 14, **14**
Schwefel 16, 37, 39, 48, 50–51
Sedimentgestein 23, 24, 26, **26, 78,** 36, 70, 79–84, 86, 108
Seismische Wellen 17, **17**
Serengeti-Nationalpark, Tansania 68, **69**
Silber 39, 40, 48, 51, 98, 101, 102
Silicate 15, 18, 48, 59–60, **88**
Silicium: in Elektronik 50, **50**
Siliciumdioxid 74, 75, 76, 80, 86
Smaragd 60, 61, **61, 62,** 101
Sonnensystem 13, **13,** 89
Stalaktiten und Stalagmiten 83, **83,** 108
Sternennacht (van Gogh) 86, **86**
Sulfate 48, 56
Sulfide 48, 50–51, 52

T
Taj Mahal, Agra, Indien 100, **100**
Talk 44, **45,** 60, 98
Tansania 7, 10, **11,** 68, **69**
Tansanit 63
Tektonische Platten 19–20, 27, **27,** 68, 71, 86, 87, 88, 106
Tinnunculit 23, **23**
Topas **35,** 44, **45,** 60, **60,** 63
Totes Meer 58, **58**
Tuff 79, 99, **99**
Tuffsäulen 82, **82**
Türkis **57,** 57
Turmalin **63,** 73
Turmfalke 23, **23**

U
Ultraviolettes Licht 59, **59**
Universum: Urknall 12
Urnebel 12, **12,** 89

V
Verrückter Hutmacher (Figur) 102, **102**
Versteinerter Wald 85, **85**
Vulkan, selbst bauen 28–29, **28–29**
Vulkanasche 77, **77**
Vulkane
    Arten von 21, **21**
    Ausbrüche 7, 10, **11,** 20, 74, 76, 77, **77,** 79
    Fakten 20
    Unterwasser- 20, 75
Vulkanglas **25,** 75, 76, **76**

W
Wavellit 57, **57**
Wegener, Alfred 18

X
Xenolithe 74, 75

Y
Yucatán, Halbinsel, Mexiko: Krater 91

Z
Zink 37, 48, 101
Zirkon **35,** 40
Zucker 37, **37,** 64, **64,** 65

ABBILDUNGSNACHWEISE

ASP: Alamy Stock Photo; DT: Dreamstime; GI: Getty Images; IS: iStock; NGIC: National Geographic Image Collection; SCI: Science Source; SS: Shutterstock

Cover (Gold), Eli Maier/SS; (Steine), mariakraynova/SS; (Grün), Richard Leeney/Dorling Kindersley/GI; (verschiedene Diamanten), Mishatc/DT; (purple), Greg C Grace/ASP; (Rot), Fuse/GI; (Orange), The Natural History Museum/ASP; (Bogen), John A Davis/SS; (Expertin), Courtesy Dr. Sarah Stamps; (Diamantgruppe), oneo/SS; (Fossil), Dinoton/SS; (Geode), movit/SS; Spine (Grün), Richard Leeney/Dorling Kindersley/GI; Rücktitel, Vinicius Bacarin/SS; 1, Edwin Verin/SS; 2-3, francescoriccardoiacomino/SS; 4 (ob.), MarcelClemens/SS; 4 (li.), In The Light Photography/SS; 4 (re.), YamabikaY/SS; 4 (Saphir), Pisut Phaetrangsee/SS; 4 (Granat), STUDIO492/SS; 4-5 (Edelsteine), J. Palys/SS; 5 (ob.), Dinoton/SS; 5 (li.), Byelikova Oksana/SS; 5 (re.), Pius Lee/SS; 5 (unt.), Tinalmages/SS; 6 (ob.), Dr. Sarah Stamps; 7 (ob.), Dr. Sarah Stamps; 10 (ob.), Dr. Sarah Stamps; 8-9, In The Light Photography/SS; 10 (unt.), Bjoern Wylezich/SS; 11 (ob. li.), Niels Busch/GI; 11 (ob. re.), Bjoern Wylezich/SS; 11 (unt.), Dr. Sarah Stamps; 12 (li.), Dimitri Goderdzishvili/SS; 12 (re.), Robert Crow/SS; 13 (ob.), cigdem/SS; 13 (unt.), Roman Samokhin/SS; 14 (ob.), Ana Del Castillo/DT; 14 (unt.), Pyty/SS; 15 (ob.), crazydiva/IS; 15 (unt.), Bonita R. Cheshier/SS; 16, Andrea Danti/SS; 17 (ob.), Belish/SS; 17 (unt.), Daniel Kreher/GI; 18 (ob.), Designua/SS; 18 (unt.), Designua/SS; 19 (ob.), Daniel Prudek/SS; 19 (unt.), Nido Huebl/SS; 20 (ob.), T.Thinnapat/SS; 20 (unt.), NG Landkarten; 21 (ob.), Chris Bickford/NGIC; 21 (ob. Mitte), Videowokart/SS; 21 (unt. Mitte), Cormon Francis/hemis.fr/GI; 21 (unt.), Marisa Estivill/SS; 22 (ob.), Maria Sbytova/SS; 22 (unt.), Jeff Holcombe/SS; 23 (ob. li.), Narupon Nimpaiboon/SS; 23 (ob. re.), Tom Mortimer; 24 (ob.), Wildnerdpix/SS; 24 (Mitte), MarcelClemens/SS; 24 (unt.), Walter Bilotta/SS; 24 (unt. Mitte), vvoe/SS; 24 (unt. li.), ntv/SS; 25 (ob. li.), MarcelClemens/SS; 25 (ob. re.), GaryTalton/IS; 25 (unt. re.), Madlen/SS; 26 (ob.), Tyler Boyes/SS; 26 (Mitte), bogdan ionescu/SS; 26 (unt. li.), milart/SS; 26 (unt. re.), elenaburn/SS; 27 (ob.), Poelzer Wolfgang/ASP; 27 (unt.), Designua/SS; 28 (ob.), Vitalii Gaidukov/SS; 28 (unt.), JGI/Jamie Grill/GI; 29, (Backblech), little birdie/SS; (Backnatron), Gts/SS; (Schüssel), nito/SS; (Pinsel), Africa Studio/SS; (Ton), xpixel/SS; (Farbe), Elizabeth A.Cummings/SS; (Folie), ronstik/SS; (Trichter), wk1003mike/SS; (Glas), Sergieiev/SS; (Spülmittel), stuar/SS; (Tiere), Marek Szumlas/SS; (Essg), Pat_Hastings/SS; 30-31, YamabikaY/SS; 32 (ob.), Dr. Sarah Stamps; 32 (unt.), Bjoern Wylezich/SS; 33 (ob. li.), Dr. Sarah Stamps; 33 (ob. re.), Bjoern Wylezich/SS; 33 (unt.), Dr. Sarah Stamps; 34, Breck P. Kent/SS; 35 (ob. li.), Anneka/SS; 35 (ob. re.), Albert Russ/SS; 35 (CTR LE), Coldmoon Photoproject/SS; 35 (Mitte), carlosdelacalle/SS; 35 (unt. li.), Cagla Acikgoz/SS; 35 (unt. re.), Breck P. Kent/SS; 36 (ob.), Paul Dymond/GI; 36 (unt.), Patricia Chumillas/SS; 37, Gayvoronskaya_Yana/SS; 38 (unt. li.), gorosan/SS; 38 (unt. re.), Epitavi/SS; 39 (ob.), Joanne Dunbar/SS; 39 (unt. li.), Stefan Dinse/DT; 39 (unt. re.), Carlosphotos/DT; 40 (Mitte), Robert D Pinna/SS; 40 (unt.), Aleksandr Pobedimskiy/SS; 41 (unt.), Tyler Boyes/SS; 41 (ob.), Joel Arem/GI; 42 (ob.), Jiri Vaclavek/SS; 42 (Mitte), Linnas/SS; 42 (unt.), Christopher PB/SS; 43 (ob.), Eduardo Estellez/SS; 43 (unt.), Albert Russ/SS; 44 (li.), bilwissedition Ltd. & Co. KG/ASP; 44 (unt. re.), Joel Arem/GI; 45, (Calcit), Roy Palmer/SS; (Diamant), LifetimeStock/SS; (Gips, Fluorit, Apatit, Feldspat, Korund), Aleksandr Pobedimskiy/SS; (Penny), rsooll/SS; (Quarz), Ekaterina Fribus/DT; (Talk), Manamana/SS; (Topas), Albert Russ/SS; 46, KITTI_PHIT/SS; 46-47 (unt.), julie deshaies/SS; 47 (ob.), robert_s/SS; 48, NLM/Science Source; 49 (ob.), VCG/VCG/GI; 49 (Mitte), Konstantin Yolshin/SS; 49 (unt.), maximimages.com/ASP; 50 (Mitte), MS Mikel/SS; 50 (unt.), Highwaystarz-Photography/IS; 50-51 (unt.), NataliyaF/SS; 51 (Mitte), Recep-Bg/SS; 51 (unt. re.), SunnyChinchilla/SS; 52 (unt.), Vitaly Raduntsev/SS; 52 (ob.), Lee Prince/SS; 53 (unt.), Jeremy Red/SS; 53 (ob.), NASA/JPL-Caltech/Cornell/USGS; 54 (ob.), Albert Russ/SS; 54 (Mitte), Gunnerchu/SS; 54-55 (ob.), Potapov Alexander/SS; 55 (ob.), Igor Tichonow/SS; 55 (Mitte), elroyspelbos/SS; 56 (ob.), Albert Russ/SS; 56 (unt.), Claudio Briones/SS; 56-57 (unt.), Wisconsinart/DT; 57 (ob.), Roy Palmer/SS; 57 (unt.), Albert Russ/SS; 58 (ob.), Vadim Petrakov/SS; 58 (unt.), Cagla Acikgoz/SS; 59 (Mitte), Gabbro/ASP; 59 (unt.), Breck P. Kent/SS; 60 (li.), Fred S. Pinheiro/SS; 60 (re.), ChameleonsEye/SS; 61 (ob.), J. Palys/SS; 61 (unt. li.), Yuriy Buyvol/SS; 61 (unt. re.), vvoe/SS; 62 (Diamant), everything possible/SS; (Smaragd), boykung/SS; (Granat), STUDIO492/SS; (Peridot), Epitavi/SS; (Saphir), Pisut Phaetrangsee/SS; (Alexandrit), boykung/SS; (Amethyst), Boris Sosnovyy/SS; (Aquamarin), Tinalmages/SS; (Citrin), Nastya22/SS; (Rubin), Potapov Alexander/SS; (Tansanit), PNSJ88/SS; (Turmalin), J. Palys/SS; 64 (ob.), JeniFoto/SS; 64 (Mitte), Simon Watson/GI; 64 (li.), Christophe Testi/DT; 64 (unt.), Dynamicfoto/SS; 65 (ob. li.), Scott Bolster/SS; 65 (ob. re.), Madlen/SS; 65 (re.), Naruedom Yaempongsa/SS; 65 (unt. li.), Sergieiev/SS; 66-67, Byelikova Oksana/SS; 68 (ob.), Dr. Sarah Stamps; 69 (unt.), Victor Lapaev/SS; 69 (ob. li.), Georgia Evans/SS; 69 (ob. re.), Bjoern Wylezich/SS; 70, Gianni Dagli Orti/SS; 71 (ob.), S-F/SS; 71 (unt.), Historica Graphica Collection/Heritage Images/GI; 72 (ob.), Matteo Chinellato-ChinellatoPhoto/GI; 72 (Mitte), Dennis Hardley/ASP; 72 (unt.), Moha El-Jaw/SS; 73, Greg and Jan Ritchie/SS; 74 (ob.), Bryan Chute/DT; 74 (ob. Mitte), Valery Kraynov/SS; 74 (unt.), Bjoern Wylezich/SS; 75 (ob.), Andrew Plumptre/GI; 75 (unt.), Kletr/SS; 76 (Mitte), Rob Kemp/SS; 76 (unt.), Vitaliy Balenko/SS; 77 (ob. li.), andersen_oystein/IS; 77 (ob. re.), Bychkov Kirill/SS; 78 (ob.), NPS/Neal Herbert; 78 (unt.), PrapatsThai/SS; 79, Cegli/SS; 80 (ob.), sumikophoto/SS; 80 (unt.), BGSmith/SS; 81 (ob. li.), Ievgen Kryshen/SS; 81 (ob. re.), NASA/JPL-Caltech/MSSS; 81 (unt.), VvoeVale/IS; 82 (Mitte), Marius Sipa/DT; 82 (unt.), Oliclimb/DT; 83, Vinicius Bacarin/SS; 84 (ob.), Fokinol/DT; 84 (unt.), Shtraus Dmytro/SS; 85, Felix Lipov/SS; 86 (ob.), George W. Bailey/SS; 86 (unt. li.), J. Palys/SS; 86 (unt. re.), Niday Picture Library/ASP; 87 (unt. li.), Jean Williamson/ASP; 87 (unt. re.), northlightimages/IS; 88 (unt. li.), lazyllama/SS; 88 (unt. re.), De Agostini Picture Library/GI; 89, De Agostini Picture Library/GI; 90, Dennis K. Johnson/GI; 90 (Mitte), Migel/SS; 90 (unt.), Herval Freire/SS; 91 (ob.), Mark Garlick/Science Source; 91 (unt.), Action Sports Photography/SS; 92 (Hornstein), Tyler Boyes/SS; (Konglomerat), Fokinol/DT; (Bechern), Yuliyan Velchev/SS; (Kleber), Mega Pixel/SS; (Stift), Sergej Razvodovskij/SS; (Muscheln), Whiteaster/SS; (Erde), rodimov/SS; 93, Yuliyan Velchev/SS; 94-95 (re.), Pius Lee/SS; 96 (ob.), Dr. Sarah Stamps; 96 (unt.), Bjoern Wylezich/SS; 97 (ob. li.), Dr. Sarah Stamps; 97 (ob. re.), Bjoern Wylezich/SS; 97 (unt.), Jiri Balek/SS; 98 (unt. li.), KPixMining/SS; 98-99, Songquan Deng/SS; 99 (ob.), Ruslan Gilmanshin/DT; 99 (unt. re.), Viktor Gmyria/DT; 100, Byelikova Oksana/SS; 101 (ob.), JGI/Jamie Grill/GI; 101 (unt. li.), Fotokon/DT; 101 (unt. re.), K.Decha/SS; 102 (ob.), Morphart Creation/SS; 102 (Mitte), Marcel Clemens/DT; 103 (ob.), Vadim Ratnikov/SS; 103 (unt.), awayge/IS; 104 (ob.), STILLFX/SS; 104 (Mitte), Westend61/GI; 104 (unt. li.), Aleksandr Pobedimskiy/SS; 104 (unt. re.), Fokinol/SS; 105 (Brille), Shakeyimages/DT; (Hammer), Volkop/DT; (Handtuch), Yuthana Choradet Ness/SS; (Stößel), Runrun2/SS; (Mörser), NGS; (gemaltes Bild), monkeybusinessimages/IS; 107, Kagai19927/SS

Für junge Fans von Steinen und Mineralien weltweit – RS

Seit ihrer Gründung 1888 hat sich die National Geographic Society weltweit an mehr als 12.000 Expeditionen, Forschungs- und Schutzprojekten beteiligt. Die Gesellschaft erhält Fördermittel von National Geographic Partners LLC, unterstützt unter anderem durch Ihren Kauf. Ein Teil der Einnahmen dieses Buches hilft uns bei der lebenswichtigen Arbeit zur Bewahrung unserer Welt. Das legendäre NATIONAL GEOGRAPHIC-Magazin erscheint monatlich. Darin veröffentlichen namhafte Fotografen ihre Bilder und renommierte Autoren berichten aus nahezu allen Wissensgebieten der Welt. National Geographic im TV ist ein Premium Dokumentations-Sender, der ein informatives und unterhaltsames Programm rund um die Themen Wissenschaft, Technik, Geschichte und Weltkulturen bereithält. Falls Sie mehr über National Geographic wissen wollen, besuchen Sie unsere Website unter www.nationalgeographic.de.

Titel der Originalausgabe: *Absolute Expert - Rocks and Minerals*

Copyright © 2019 National Geographic Partners, LLC.

Copyright © German edition 2020 National Geographic Partners, LLC.

All rights reserved. Reproduction of the whole or any part of the contents without written permission from the publisher is prohibited.

Published by White Star s.r.l. (Mailand) under license from National Geographic Partners, LLC.

NATIONAL GEOGRAPHIC and Yellow Border Design are trademarks of the National Geographic Society, used under license.

ISBN 978-88-540-4437-1
1 2 3 4 5 6 24 23 22 21 20

Gedruckt in Kroatien

Übersetzung: Anke Wellner-Kempf
Redaktion: Michael Kokoscha
Lektorat: Brigitta Kook

Dieses Buch darf nicht einmal auszugsweise in irgendeiner Form kopiert werden, weder mit elektronischen Systemen noch mit anderen Mitteln, ohne die schriftliche Genehmigung seitens National Geographic Partners, LLC, 1145 17th Street N.W., Washington, D.C. 20036-4688.

Gestaltung: Girl Friday Productions

Alle von Dr. Stamps bereitgestellte Information ist Ausdruck ihrer eigenen Meinung und nicht der von Virginia Tech.

Die Autorin und der Verlag danken auch dem Verlagsteam: Priyanka Lamichhane, redaktionelle Leitung; Amanda Larsen, Herstellungsleitung; Sarah J. Mock, Bildredaktion; Molly Reid, Redaktion.